SRI SATHYA SAI BABA

CONVERSANDO CON LA DIVINIDAD

Preguntas y Respuestas
en relación con los Cursos de Verano
de 1990 en Brindavan

SAI RAM

© EDICIONES SAI RAM
Comité de Publicaciones
Organización Sri Sathya Sai Baba de Latinoamérica

Traducción al español: Herta Pfeifer

Editado y distribuido por ERREPAR S.A.
Avda. San Juan 960 - (1147) Buenos Aires
República Argentina
Tel.: 300-5142 - 307-9394 - Fax: (541) 300-0951 - (541) 307-9541

Queda hecho el depósito que marca la ley 11723

Impreso y hecho en Argentina
Printed in Argentina

ISBN 950-739-368-4

Ninguna parte de esta publicación, incluido el diseño de la tapa, puede ser reproducida, almacenada o transmitida de manera alguna ni por ningún medio, ya sea eléctrico, químico, mecánico, óptico, de grabación o de fotocopia, sin permiso previo del editor.

En

humilde adoración

a

los Pies de Loto

de Bhagavan Sri Sathya Sai Baba

INTRODUCCION

El propósito de este libro es el de permitirle a los devotos de Bhagavan Sri Sathya Sai Baba estudiar, entender y practicar Sus Divinas Enseñanzas.

Las Divinas Enseñanzas de Bhagavan Baba constituyen los *srutis* de nuestro *Yuga*: el *Kali Yuga*.

Dirigiéndose a los estudiantes del Curso de Verano, Bhagavan Baba dijo: "¡Estudiantes! Lo que les ha sido enseñado durante estos quince días es la esencia del sagrado *Vedanta*. Lo que les ha sido entregado es el néctar obtenido de la destilación de todas las Sagradas Escrituras: los *Sastras*, los *Puranas* y los *Ithihasas*".

Bhagavan dijo también: "¡Estudiantes! Son inmensamente afortunados. Habiendo numerosos millones de habitantes en el mundo, ¿no es una suerte excepcional que solamente ustedes que no son sino algunos cientos, hayan podido recibir el beneficio de esta preciosa oportunidad?"

Por ende, nos corresponde, como devotos de Bhagavan, avanzar por la senda espiritual, practicando las Divinas Enseñanzas de nuestro Señor.

Los Editores

Capítulo 1

LA GLORIA
DE LA CULTURA INDIA

1. ¿Qué es la Verdad? Explique la importancia de la Verdad para el hombre.

La Verdad es *Jñanam* (sabiduría).
La Verdad es Infinita (eterna).
La Verdad es *Brahman*.

El Universo todo ha emergido de la Verdad y se fundirá de vuelta en la Verdad. Para cada hombre aquí en la Tierra, la Verdad es, en verdad, el Dios visible.

Según el *Vedanta*, la Verdad y el *Brahman* eterno son uno solo y lo mismo. La declaración Vedántica indica: *SATHYAM - JÑANAM - ANANTAM - BRAHMA.*

2. ¿Por qué deben anhelar y practicar la Verdad y la Rectitud los jóvenes, tanto varones como niñas?

Todas las clases de poder, ya sea físico, político, monetario o militar deberán inclinarse ante la Verdad y la Rectitud.

Es por eso que los jóvenes deberían anhelar y recorrer la senda de la Verdad. Deben dedicarse al bienestar del mundo.

Cada hombre es el heredero de la Verdad y la Rectitud. La Verdad, la Rectitud y la Justicia han de ser honradas por cada uno de nosotros.

3. ¿Cuál es el requisito principal en la vida de un hombre y cuáles son los obstáculos para alcanzarlo?

El requisito principal en la vida de un hombre es el de ser humano. El hombre, sea cual fuere su posición o autoridad, no debe ignorar los valores humanos.

La ciencia y la tecnología han desvalorizado hasta tal punto la humanidad que la actual generación de jóvenes, hombres y mujeres, es incapaz de reconocer su verdadera naturaleza divina.

El egocentrismo se ha convertido en la meta de la vida de la generación actual de jóvenes.

Los valores espirituales como el desinterés, la divinidad y la dignidad humana se han visto socavados por el progreso material. El torbellino del rápido progreso de la ciencia y la tecnología ha hecho que se produzcan cambios indeseables en nuestra sociedad. Se han visto desarraigados los valores éticos y morales tan esenciales para el bienestar humano. En la sociedad exhiben su danza diabólica las cualidades demoníacas como la ostentación, el egoísmo y la palabrería excesiva y vacua. Este país que ha sido el maestro espiritual para todo el género humano se ha convertido en el campo de juego de fuerzas maléficas como la injusticia, la indisciplina y el desprecio de la Verdad.

Las gentes hacen caso omiso de la Verdad y la Rectitud. Piensan que la mayor meta de la vida es el progreso material gracias al propio esfuerzo. Al renunciar a la Verdad y a la Rectitud, las gentes educadas le causan daño a la sociedad en nombre de protegerla.

Los estudiantes deben proteger hoy a la Verdad y a la Rectitud, las que, a su vez, protegerán a la nación.

4. ¿Cuál habría de ser la educación correcta para los estudiantes?

La educación correcta debiera permitirles aprender el arte de vivir y debiera tener por resultado que puedan manifestar su divinidad innata.

Los estudiantes no llegan a ser sabios gracias a la mera educación. La educación debiera enseñar el arte de vivir más que llegar a ganarse los medios para vivir.

El carácter es más esencial y valioso que la erudición. Hoy en día, nadie se molesta en adquirir las virtudes que llevan a la Verdad eterna. La gente se esfuerza por adquirir riqueza, poder y renombre, cosas que no son sino como las nubes pasajeras. El empeño de los estudiantes debe centrarse en convertirse en ejemplos de virtud en lugar de esforzarse para tener riqueza y poder.

5. ¿Cuál es la razón para la degeneración de las mentes de los jóvenes?

La razón para la degeneración de las mentes de los jóvenes estriba en la carencia de líderes ideales que crean en la cultura india, la practiquen y la propaguen.

Los mayores, los líderes, los padres y los maestros no están sentando el ejemplo correcto que emulen los jóvenes. La nueva generación está siguiendo el mal ejemplo sentado por los mayores.

Alrededor de cincuenta años atrás, los líderes nacionales, los maestros y los hombres de letras ponían en alto ideales ejemplares. Había armonía entre sus pensamientos, sus palabras y sus obras. Es de lamentar, sin embargo, que hoy en día brillan por su ausencia los maestros ideales y los líderes ideales. Los actuales dicen una cosa y hacen otra distinta, con el resultado de la traición a la confianza de los jóvenes.

Los estudiantes no debieran olvidar su antigua cultura, la cual debiera convertirse en su aliento de vida. La enfermedad de copiar como monos a otros países es la que le ha causado serios reveses a nuestro país.

La imitación es humana, la creación es Divina.

6. ¿Qué son los cuatro Purusharthas? ¿Cuáles son los beneficios que se pueden lograr practicándolos?

Los cuatro *Purusharthas* son las cuatro metas de la vida: *Dharma, Artha, Kama* y *Moksha*. El *Dharma* es la conducta correcta, *Artha* es la riqueza, *Kama* es el deseo y *Moksha* es la liberación.

¿Por qué razón ganaron renombre y fama nuestros antecesores como defensores de la moralidad en la sociedad? Ello se debió a la práctica ejemplar que mantenían de las virtudes en su vida diaria. Se atenían a los cuatro *Purusharthas* y compartían con los demás los beneficios que de ellos derivaban.

Las gentes de hoy centran sus anhelos en *Artha* (riqueza) y *Kama* (deseo), olvidándose de cultivar y perseguir al *Dharma* o conducta correcta y *Moksha* o liberación. Esto ha causado desorden y falta de seguridad, tanto en la sociedad como en la nación en general. El descuido de la Verdad y la Rectitud constituye la causa principal de la falta de paz y de seguridad que se ve hoy en el país.

Las gentes debieran buscar el *Artha* para practicar el *Dharma*. Su *Kama* debiera ser el *Moksha*.

7. ¿Cuál es el significado de la palabra samskriti?

Esta palabra se refiere al proceso de refinamiento de cada objeto, antes de que llegue a ser apropiado pa-

ra el uso humano. Se encuentra un ejemplo en el caso del arroz que debe pasar por varias transformaciones antes de ser apto para el consumo humano. Así:
a) los granos son apartados de las espigas por medio de la trilla;
b) luego, el grano es aventado para separar los granos buenos de la paja;
c) a continuación, los granos son golpeados o pasados por el molino para quitarles la cascarilla;
d) seguidamente el arroz es limpiado, retirando las piedrecillas y semillas de maleza que puedan haber quedado;
e) por último, el arroz crudo es remojado y cocido sobre fuego para poderlo comer.

Este *samskriti* o refinamiento, también eleva el valor de las cosas. Es así que el arroz paddy puede haber costado cien rupias el saco, aumentará su valor a unas seiscientas rupias después de haber sido limpiado para consumo humano.

De manera similar, también el algodón que se cosecha de la planta debe sufrir una serie de cambios antes de poder ser transformado en tela.

Del mismo modo, el hombre no debiera quedarse en el mismo estado en el que ha nacido. Debe manifestar su divinidad inherente, mediante un continuo mejoramiento de sí mismo.

8. ¿Cuál es la importancia que tiene el samskriti para un joven estudiante?

Además de la educación académica, los estudiantes deben adquirir cualidades como la humildad y la discriminación.

Así como la semilla llega a su plenitud en el árbol que entrega sus frutos, un estudiante deberá encontrar su plenitud en una vida que tenga un propósito, el de llegar a la perfección a través del *samskarana* (transformación). Esta transformación entregará los frutos de la paz, la seguridad y el amor.

El amor es la cualidad divina en el hombre. Debe ser mostrado no sólo hacia otros seres humanos, sino también hacia las aves y las bestias y otros seres vivientes.

El verdadero *samskriti* en el hombre reside en una expansión del amor, gracias a que renuncia a la mezquindad de miras y desarrolla la amplitud de la mente. Esto causa alegría tanto para el individuo como para la sociedad.

Por esta vía, la naturaleza humana es sublimada en divinidad.

9. ¿Cuáles son los depositarios de la cultura india? ¿Qué es lo que enseñan?

Los depositarios de la cultura india son los *Vedas*. Ellos han declarado que no se ha de albergar ni odio ni mala voluntad hacia ningún ser viviente.

Los *Vedas* han enseñado: Dí la Verdad
                            Practica la Rectitud.

10. ¿Practican las personas las enseñanzas de los Vedas?

Lamentablemente, hoy en día la gente no dice la Verdad. Hablan acerca de la Rectitud, mas no la practican.

En el mundo actual, el hombre sacrifica a la Verdad en cada palabra y traiciona a la Rectitud en cada acción.

El amor ha caído por una pendiente. El odio basado en casta y religión arrecia y se acrecienta. La intransigencia y el egoísmo corren desenfrenados y están causando estragos. Las gentes han abandonado el temor al pecado, el amor a Dios y a la moral en la sociedad. Tienen una forma humana, mas carecen de discriminación y de disciplina. Y como éstas constituyen las características de un verdadero hombre, tales gentes no representan ningún beneficio para la sociedad.

Los estudiantes deberán tener fe en la nación a la que pertenecen y tener como mira el bienestar del mundo. Habrán de orar por la felicidad de todos.

11. *¿Qué es* **Dharma**? *Explique su importancia.*

Dharma o Rectitud es la armonía entre pensamiento, palabra y acción, lo que da por resultado la purificación de las facultades del hombre. El *Dharma* ha declinado en la actualidad debido a la carencia de armonía y pureza en los *Trikaranas*, los tres instrumentos de acción.

Las *Upanishads* exhortan al hombre a no abandonar en ninguna circunstancia ni al *Sathya* ni al *Dharma*. El Rey *Harischandra* sobresale como ejemplo supremo de la práctica de la Verdad y la Rectitud.

Si protegemos al *Dharma* practicándolo, El nos protegerá a su vez.

12. *Explique la importancia de seguir al* **Sathya** *y al* **Dharma.**

Aquel que quiera alcanzar la victoria debiera seguir al *Sathya* y al *Dharma*. Sólo la Verdad triunfa. No hay *Dharma* o religión superior a la Verdad, *Sathya*.

El *Dharma* depende del *Sathya*. *Sathya* y *Dharma* son interdependientes e inseparables.

El *Bhagavantham* declara que no hay pecado mayor que volverle las espaldas a la palabra empeñada.

La senda de la Verdad es supremamente importante. Debemos creer firmemente que la Verdad es el Principio Divino y venerarla.

Sólo la educación en la Verdad y la Rectitud es verdadera educación. Esta es la educación que le confiere inmortalidad al hombre. *Sathya* y *Dharma* son inseparables de las personas virtuosas y nobles.

La Verdad que es eterna también es llamada *Atma*. El *Atma* es el núcleo de todos los seres. Unicamente el *Atma* es lo que permanece inmutable.

13. ¿Cuáles son los objetivos que los estudiantes deben tener presentes mientras prosiguen sus estudios?

Los estudiantes deben recordar que la verdadera educación es la que confiere la inmortalidad al hombre. El renombre y la fama que se logran gracias a altas calificaciones educacionales, son transitorios y efímeros. El cuerpo mismo es pasajero, mas nuestras impresiones mentales acumuladas, nuestros *samskaras*, se quedarán permanentemente con nosotros.

Los estudiantes no debieran vivir para el *Annam* o alimento, sino para el *Adardham* o ideales. Los ideales son supremos y eternos. Una persona con ideales puede influir positivamente en las vidas de muchas otras.

Para llevar una vida ideal, los estudiantes habrán de sentir el amor por la nación y el amor por el espíritu, el *Atma*, y también amor y respeto por sus padres.

Los estudiantes no deben menospreciar a su madre patria e irse a otros países. La India es la tierra del *Karma*, del *Yoga* y del *Thyaga*, y los estudiantes deben entender y atesorar la herencia cultural de su patria.

Los estudiantes deben aprender a armonizar su antigua cultura y sus tradiciones con los requerimientos del mundo moderno. Deben llevar vidas regidas por la Verdad y la Rectitud. La posición y el poder carecen de importancia. Son tan transitorios como las nubes pasajeras.

Los estudiantes deben entender la naturaleza de *Brahman* y del *Atma*.

Esta es la amplia carretera que conduce hacia el cumplimiento de la vida humana. Desarrollando la fe en el *Atma*, el Sí Mismo, podrán alcanzar cualquier cosa.

Habrán de recordar que sin la Gracia Divina uno no llega a nada. Para alcanzar la Gracia Divina, el requisito más importante es la devoción.

Capítulo 2

SANTIFIQUEN EL CUERPO

1. ¿Cuáles son las vestiduras que lleva el hombre?
Las vestiduras que lleva el hombre son:

1) el cuerpo
2) los sentidos
3) la mente
4) el intelecto.

Para su uso correcto hay que entender la naturaleza e importancia de cada una.

2. ¿Cuáles son los distintos nombres que se le dan al cuerpo y por qué?
El cuerpo es el ropaje que vestimos. Sólo cuando sabemos cómo llevarlo y usarlo correctamente podemos darle un buen empleo y lograr lo mejor de él.

Los diferentes nombres que se le dan al cuerpo describen sus diversas funciones y nos muestran cómo hacer uso de ellas para nuestro provecho. Los diferentes nombres son:

1) *Deha*: Aquello que se quema es llamado el cuerpo —*dahyati iti dehah*—. El cuerpo se incinera después de la muerte y de ahí que se lo llame *deha*.

Incluso estando vivo, el cuerpo experimenta el quemarse debido a las preocupaciones. El cuerpo es inerte y transitorio. Está hecho de los cinco elementos: tierra, agua, fuego, aire y *akasa*. Debiéramos saber cómo usar sabiamente el cuerpo y lograr alegría con él. El hombre que se ha vestido con el cuerpo es, en verdad, el Dios supremo que es eterno e inalterable.

2) *Sarira:* Se llama así aquello sujeto al deterioro o descomposición —*siryathe iti sariraha*—. El cuerpo sufre muchos cambios desde el nacimiento hasta la vejez y, por último, se deteriora y muere.

3) *Mandir:* Se lo llama templo, porque alberga al *Jiva*: el alma individual. El alma individual no es otra cosa que el Dios eterno: el Alma Suprema. El cuerpo es la sagrada y santa morada de Dios. Por ende, habrá de ser utilizado para abrigar buenos pensamientos, pronunciar buenas palabras y llevar a cabo buenas acciones. El cuerpo habrá de ser mantenido en buenas condiciones para facilitar su empleo correcto.

Para lograr los propósitos para los que está destinado, habrá que utilizarlo con discriminación. Para usarlo correctamente, habrán de decirse, antes de hacer cualquier cosa: "Yo soy el *Brahman* que mora en este cuerpo como el *Atman* individual. Como tal, ¿es correcto o no que lleve a cabo esta acción?" Siendo un templo de Dios, el cuerpo habría de ser utilizado solamente para propósitos sagrados.

4) *Kshetra:* Lo que significa un lugar sagrado asociado con lo Divino y lleno de sacras vibraciones. Los lugares de peregrinación son *Kshetras*. Están destinados a ser utilizados para llevar a cabo el culto y otras actividades sagradas.

En el *Kshetra* del cuerpo deberán predominar únicamente buenos pensamientos y buenas acciones. Aquel que conoce el *Kshetra* es el *Kshetrajna*.

5) *Kshetra:* Otro significado para este término es "campo". En el campo del cuerpo los frutos que se cose-

chen dependerán de las simientes que sembremos. Si sembramos buenos pensamientos podremos cosechar buenos frutos. Los malos pensamientos sólo rendirán malos resultados. El cuerpo es un campo en el que se siembran las semillas de *Punya* (mérito) y *Papa* (pecado).

El cuerpo constituye un campo que tiene ciertas ventajas por sobre el campo agrícola. Al cultivar el campo agrícola tenemos que esperar a que se dé la estación adecuada y las condiciones apropiadas para sembrar un cultivo en particular. El campo de nuestro cuerpo, sin embargo, puede ser cultivado en cualquier condición y en todo momento. Siempre cosecharemos los frutos de los buenos o malos pensamientos a actos que sembremos como semillas. Tienen que asegurar, por ende, que sólo sembrarán lo bueno, ya que según lo que siembren será lo que cosechen.

No deberán usar erróneamente su cuerpo, según les plazca.

3. ¿Qué hemos de hacer si deseamos utilizar correctamente el cuerpo?

Para emplear correctamente el cuerpo hemos de seguir escrupulosamente dos cosas:

1) regulación de la dieta
2) regulación de nuestros demás hábitos de vida.

Debemos comer sólo alimentos *sátvicos*: nuestros pensamientos son determinados por el tipo de alimentos que consumimos. Para transitar por la senda de la Verdad hemos de ingerir alimentos conducentes a la Verdad.

4. ¿Qué es lo que significa alimento sátvico?

El alimento *sátvico* no se limita al que se consume por la boca. Incluye todo alimento que consumen los cinco órganos sensoriales: ojos, oídos, nariz, manos y boca. Todo lo que se ingiera a través de los cinco sentidos ha de ser de naturaleza *sátvica*, si queremos afirmar que consumimos este tipo de alimento. Por ende, debemos ingerir puro alimento *sátvico* a través de todos los sentidos.

Podremos realizar nuestra propia Divinidad y convertirnos en el Alma Suprema o *Paramatma* cuando podamos liberarnos de los cinco males asociados con la contaminación del lenguaje, la vista, el oído, el pensamiento y la acción.

El cuerpo es un *Kshetra* o un Templo. En el Templo del cuerpo hay cinco puertas: los cinco sentidos. Estas puertas de los cinco sentidos en el cuerpo sagrado habrán de mantenerse abiertas únicamente para entradas sagradas y divinas. No se debe permitir el ingreso a ninguna impureza.

5. *Explique la importancia de nuestra asociación con buenas personas, buenos lugares y buenos objetos.*

Esta asociación con personas, lugares y objetos buenos es de suprema importancia para nosotros. Debemos considerar seriamente qué clase de lugares debiéramos visitar, en qué tipo de ambiente debiéramos vivir y con qué tipo de personas nos debiéramos asociar.

Debemos evitar toda mala compañía, porque nuestros pensamientos son influenciados por la compañía que mantengamos. Los jóvenes de hoy toman con facilidad por malos caminos. Esto equivale a menospreciar y a desvalorizar el cuerpo humano. Las Escrituras han declarado que el cuerpo humano es la más preciosa y excepcional posesión entre todos los seres creados.

Debemos darnos cuenta de que no podemos ir en contra de la Voluntad Divina.

Para controlar los sentidos deberemos entender las operaciones sutiles del cuerpo. El hombre desconoce cómo utilizar apropiadamente su cuerpo.

6. ¿Qué es lo que hace que funcione el cuerpo, aun siendo inerte?

El cuerpo es inerte, sin embargo es capaz de funcionar a través del comer, el hablar, el caminar y el crecer debido a la Conciencia *(Chaitanya)* dentro de él.

El cuerpo puede ser comparado con un automóvil. En él, es la batería que lleva dentro la que hace que funcionen el motor, la bocina y los faros. De manera similar, es el poder *Atmico* dentro del cuerpo lo que hace que funcionen los diferentes órganos del cuerpo inerte y que se manifieste la vida en él.

Es una lástima que el hombre desperdicie tanto tiempo, esfuerzo y dinero en embellecer a este cuerpo inerte y transitorio, olvidándose de que el *Atma* o el Sí Mismo es lo real, lo permanente y lo perceptivo.

7. ¿Cuáles son las tres concepciones erradas del hombre respecto de su cuerpo?

Ellas son:

1) El hombre se toma a sí mismo por algo que no es su real Sí Mismo. Piensa que su cuerpo es su real Sí Mismo. Esto no puede ser así, porque cuando un hombre dice "Este es mi pañuelo", es claramente distinto de su pañuelo. De manera similar, se considera diferente del cuerpo cuando dice "Este es mi cuerpo".

2) El hombre piensa que es el dueño de diferentes cosas, como casas, tierras y vehículos. Cuando construyen una casa la llaman suya. Cuando la venden deja de ser suya. Una cosa le pertenece a un hombre sólo mientras es su dueño y la usa. Por ende, resulta claro que todas las posesiones son temporales como nubes pasa-

jeras, aunque el hombre desarrolle un indebido apego hacia ellas.

De hecho, nada le pertenece al hombre. Todas estas concepciones equivocadas son causadas por el velo de *Maya* o la Ilusión Engañosa. Esta ilusión es la causa de la posesión de los sentidos y de las diferentes aberraciones de la mente humana.

3) El hombre toma lo evanescente por eterno. Hasta las relaciones como la de madre, padre, hijo, hija, marido y mujer se basan en la errónea identificación de uno mismo con el cuerpo.

Nadie trae consigo ni el más pequeño pedazo de tela cuando nace y nadie deja ni siquiera su dirección en el momento de su muerte. El hombre se crea problemas al confundir lo irreal con lo real en este mundo ilusorio. Se olvida de su realidad y comete estos errores.

El hecho es que el hombre no le pertenece a nadie ni nadie le pertenece a él. En el fondo, seguimos creyendo erróneamente que la diversidad es real. Las Escrituras han declarado inequívocamente que la Realidad es Una, aunque los sabios la llamen por diferentes nombres.

El Uno se ha convertido en los muchos. Por ende, hay una Unidad que le subyace a la diversidad. No hay sino Uno y ése es Dios.

8. ¿Cuál debiera ser la relación entre nuestra vida mundana y nuestra vida espiritual?

Nuestra vida en el mundo habrá de estar en armonía con nuestra vida espiritual. Debemos cumplir con nuestros deberes para con los que nos rodean, mas al cumplir nuestros deberes en el mundo nunca debemos desviarnos de la senda espiritual.

Durante el tiempo que vivamos en el mundo debemos conformarnos a las normas y reglamentaciones que rigen los asuntos mundanos. No obstante, hagamos lo que hagamos, jamás hemos de perder de vista al Supremo: la meta espiritual de nuestra vida.

Deberemos comprender también que nada nos pertenece, ya sea madre, padre, hermano, hermana, parientes, fortuna, casa o cualquier otra cosa. Todo ello no es más que efímero y son cosas que se relacionan con el cuerpo cambiante.

Considerar a este cuerpo cambiante como nuestro Sí Mismo real representa la base para todas nuestras aberraciones mentales.

9. ¿*En qué forma hemos de considerar a nuestro cuerpo que es inerte y transitorio?*

Hemos de considerarlo solamente como un instrumento que ha de ser mantenido en buenas condiciones para nuestro trayecto por la senda espiritual.

El cuerpo sufre diferentes cambios debido a nuestro consumo de alimentos y a nuestros demás hábitos de vida. Sin embargo, la individualidad permanece inalterable, sean cuales fueren los cambios del cuerpo. Cambios como la infancia, la niñez, la edad adulta y la vejez le pertenecen al cuerpo y no a la individualidad. Por ende, estos cambios son ilusorios.

Por consiguiente, no hemos de considerar en absoluto que el cuerpo es real y permanente. No obstante, es nuestro deber asegurarnos que nuestro cuerpo se mantenga como un instrumento apto para ayudarnos a cumplir con nuestros deberes en el mundo y a caminar por nuestra senda espiritual.

El cuerpo podría ser considerado como una barca que usamos para navegar a salvo por el río de la vida. Esta barca de nuestro cuerpo no deberá desarrollar agujeros ni vías de agua: podrá estar en el agua, pero el agua no deberá entrar en ella.

Por lo tanto, habremos de permanecer en el mundo y atender a nuestros deberes, pero sin permitir que las preocupaciones entren en nuestra mente. Si ello sucediera, haría que el cuerpo se volviera susceptible a todo tipo de dolencias. Hemos de considerar al cuerpo únicamente como un instrumento.

10. ¿*Cómo podemos mantener en buenas condiciones al cuerpo?*

Para mantener al instrumento del cuerpo en buenas condiciones habremos de:

1) regular nuestro alimento
2) regular nuestros demás hábitos de vida.

En la misma forma en que las ropas se lavan para mantenerlas limpias, debemos ver a nuestro cuerpo en cuanto vestimenta y lavarlo de tiempo en tiempo.

La pureza es algo natural del cuerpo humano, pero éste se ensucia debido al uso incorrecto. Por ende deberemos limpiarlo con la ayuda de Dios como lavandero, recurriendo a prácticas como:

1) la oración
2) el *japa*
3) la meditación
4) el amor a Dios.

Tan sólo Dios puede limpiar de impurezas nuestro corazón. Nunca hemos de olvidar que nuestro cuerpo es sólo un ropaje que llevamos. Se debe a la ignorancia que lo consideremos como nuestro Sí Mismo real. Debemos deshacernos de esta ignorancia. Sólo entonces podremos brillar como el resplandeciente Sol de la Sabiduría.

11. ¿Cuáles son los otros componentes relacionados con nuestra personalidad que residen en el cuerpo?

Además de cuerpo, los demás componentes de nuestra personalidad son:

1) los cinco sentidos
2) la mente
3) el intelecto.

Debemos reconocer el rol y la importancia de los sentidos, la mente y el intelecto y mantenerlos en buenas condiciones.

La mente se manchará con impresiones negativas si permitimos que entren malos pensamientos en ella.

Deberemos entender la naturaleza y las funciones de cada uno de estos componentes de nuestra personalidad. Solamente entonces podremos llevar una vida humana integral y llena de propósito. Reconocer la Verdad es la real *Sadhana*.

12. ¿Quién es el testigo Supremo que preside sobre los componentes de la personalidad humana?

El testigo Supremo que preside sobre los componentes de la personalidad humana es el *Atma* (Dios).

Como Dios es la base de todo, los estudiantes deberán desarrollar la fe en Dios. Sólo entonces estarán en posición de dominar el misterio del Cosmos conformado por los *Pancha Bhutas*: los cinco elementos básicos: Tierra, Agua, Fuego, Aire y *Akasa*.

Capítulo 3

EL TEMPLO MOVIL

1. ¿Dónde está Dios?
Dios está en nuestro cuerpo mismo, no en algún lugar remoto. Al igual que las preciosas joyas que se guardan en una caja de hierro sin valor, el *Atma* Divino reside en nuestro cuerpo. Darse cuenta de esto es la senda de la Verdad.

2. ¿En dónde está el pecado?
El pecado no se encuentra en algún país distante. Está aquí en las acciones mismas que llevamos a cabo.

3. ¿Por qué habría que cuidar solícitamente del cuerpo?
El cuerpo debe ser solícitamente cuidado, porque encierra al *Atma* Divino. Esto representa el deber primordial del hombre. El cuerpo es, en verdad, la base misma de la vida humana. Sin un cuerpo fuerte y sano el hombre será fácilmente la víctima de numerosas dolencias.

4. ¿Cuáles son las ventajas de tener un cuerpo fuerte y saludable?
Ideas nobles, puras y sublimes sólo pueden surgir de un cuerpo fuerte y saludable.

El cuerpo es un mundo en sí mismo. Es un montaje colectivo de muchos órganos y miembros. Cada órgano tiene una belleza propia que deberá ser fomentada. Un cuerpo débil y enfermizo no puede llevar a cabo ninguna acción resuelta.

Siendo que el cuerpo provee una residencia al *Atma* Divino, debemos poner especial cuidado en mantenerlo adecuadamente.

Aunque el cuerpo se compone de carne, sangre y otras cosas impuras, lo ilumina el Espíritu Divino. El *Atma* es siempre puro, precioso e inmutable y no está sujeto ni al crecimiento ni a la decadencia.

El deber primordial del hombre es el de no descuidar al cuerpo, sino de poner el máximo de cuidado en su adecuado mantenimiento. El cuerpo ha de ser empleado para llevar a cabo los deberes y las obligaciones que uno tenga en la vida.

5. ¿*Podemos progresar por la senda espiritual sometiendo al cuerpo a diversas experiencias penosas?*

No podemos avanzar por la senda espiritual sometiendo al cuerpo a penalidades. No deberemos someterlo a castigos en nombre de la adoración, el ayuno o la penitencia. Si lo hacemos perderíamos la meta de reconocer al principio *Atmico* eterno.

No podemos realizar al *Atma* sometiendo a castigos al cuerpo. No podemos alcanzar la liberación renunciando al alimento y a la bebida.

Podemos llegar a la Autorrealización sólo conociendo nuestra naturaleza real.

6. ¿*Cuál es el primer paso en la búsqueda del Conocimiento de uno mismo?*

El primer paso reside en entender la naturaleza del

hombre. Se puede llamar un hombre únicamente aquel que haya armonizado sus pensamientos, palabras y actos.

El descubrimiento de la Divinidad en el hombre exige una indagación apropiada que lleve a la percepción de lo Real. A través de una contemplación prolongada del Sí Mismo, uno llega a percibir a su Sí Mismo real. Entonces el hombre se convierte en un vidente *(Drashta)*. La meta del *Bhakta* es la de convertirse en vidente *(Drashta)* y de percibir el mundo con este trasfondo espiritual.

El hombre sigue siendo un ser humano sólo en la forma, cuando no ha logrado la realización de su verdadero Sí Mismo.

7. *El cuerpo es una burbuja de agua. Explique cómo hemos de tratar a esta burbuja.*

El cuerpo es una burbuja de agua que emerge del agua, se queda sobre ella por un tiempo y vuelve a fundirse en ella. Del mismo modo, la burbuja llamada *Nara* (hombre) ha emergido del agua llamada *Narayana* (Dios) y vuelve a fundirse en El.

Hemos de reconocer el origen divino del ser humano y utilizar el cuerpo humano de manera apropiada.

El cuerpo no puede usarse como nos venga en gana. Debemos regularlo según patrones y límites prescriptos. No podremos logar éxito ni progreso alguno si no observamos tal disciplina.

Debemos desarrollar pureza en nuestros pensamientos, sentimientos, miradas y acciones. Si empleamos nuestros órganos y miembros de maneras impuras, nuestra naturaleza degenerará de humana a demoníaca.

Como nota clave, deberá ser observada la moderación en todos nuestros hábitos, en los alimentos que consumimos, en el agua que bebemos, en las palabras que hablamos y que escuchamos.

El excederse de los límites entrañará peligro para el cuerpo.

8. Aclare las cinco categorías en que puede dividirse el conocimiento humano.

El conocimiento del hombre se puede dividir en cinco categorías:

1) Conocimiento libresco: La adquisición de conocimientos sobre la base de libros es superficial. Estaríamos desperdiciando nuestras vidas si nos limitamos a lograr sólo conocimiento libresco.

2) Conocimiento general: No puede lograrse sobre la base de libros. Se logra gracias a experiencias variadas en el vivir día a día, en especial por medio del servicio a la sociedad.

3) Sentido común: Al igual que el conocimiento general, el sentido común sólo se adquiere por medio del servicio a la sociedad y de las experiencias del diario vivir. Hoy en día, tanto el Conocimiento General como el Sentido Común brillan por su ausencia.

4) Conocimiento discerniente: Los jóvenes debieran contar con una discriminación justa. No deben utilizarla para sus propios fines egoístas.

Este conocimiento deberá emplearse para el bien de la sociedad en general y no con motivos egoístas. Siempre hay que tener a la vista el bien colectivo de la sociedad.

Los jóvenes debieran ejercitar lo que podría llamarse "discriminación fundamental" que se aplica a todas las personas, sin que importe el país al que pertenezcan.

De acuerdo con la aritmética espiritual: $3 - 1 = 1$.

Dios, *Maya* y el Universo representan las tres entidades. Dios es el objeto, *Maya* es el espejo y el Universo es el reflejo de Dios en el espejo. Si retiramos al espejo, no habrá ni *Maya* ni Universo: sólo queda Dios. De ahí que 3 - 1 = 1.

Para entender esto necesitamos el quinto tipo de conocimiento:

5) Conocimiento práctico: Cada individuo piensa que basta con cuidar sólo de sí mismo. Debe darse cuenta de que es una parte de la sociedad y que, por ende, deberá estar igualmente preocupado del bienestar de la sociedad en general. Esto es conocimiento práctico y es muy esencial para el hombre.

Tal como no hay diferencia entre el sol y sus rayos o el mar y sus olas, no existe diferencia alguna entre Dios y Amor, porque Dios es la fuente del Amor. El cuerpo y el Atma son interdependientes y están íntimamente asociados el uno con el otro.

9. ¿Por qué es esencial para el hombre la salud corporal?

La salud del cuerpo será esencial para el hombre hasta que se haya realizado el *Atma*. Aunque el cuerpo es transitorio, deberá ser adecuadamente cuidado debido a que es el santuario del *Atma* Divino. Como son interdependientes las relaciones entre ambos se requiere mantener en todo momento la salud del cuerpo.

El hombre de hoy es aquejado por más enfermedades causadas por preocupaciones mentales que por ingerir alimentos nocivos. La preocupación no es más que un temor creado mentalmente. Hay que ponerle un límite a las especulaciones, las ansiedades y las inquietudes.

Los estudiantes deben evitar dedicarse excesivamente a cualquier actividad que produzca efectos adversos en sus cuerpos.

10. Explique el programa de "Límite a los Deseos" de Swami.

El programa de "Límite a los deseos" de Swami consta de cuatro componentes esenciales:

1) No desperdiciar alimento. ¿Por qué? Porque el alimento es Dios. El alimento es indispensable para la vida humana puesto que el cuerpo no puede sobrevivir sin él.

2) No desperdiciar dinero. El mal uso del dinero es una maldad. Desemboca en la pérdida de la paz mental y en la ruina de la vida misma. El gasto indiscriminado de dinero con propósitos egoístas debiera ser evitado en el interés de la sociedad en general. Debe promoverse el espíritu de cooperación.

3) No desperdiciar energía. Todo en la vida depende de la mantención de un equilibrio adecuado. Este equilibrio se ha perdido hoy en día por causa de un conocimiento excesivo y de su uso equivocado.

El conocimiento debiera convertirse en talento. Los jóvenes están matando al conocimiento. Los jóvenes están desperdiciando conocimiento y energía al ver, escuchar, hablar, pensar y actuar de manera errónea y excesiva. El hablar continuamente, de día y de noche, por ejemplo, desperdicia mucha energía. Cada acción involucra el uso de energía. Si se utiliza correctamente la energía del cuerpo, se mantendrá el equilibrio en él y estará en buenas condiciones.

4) No desperdiciar tiempo. La vida del hombre se desperdicia rumiando el pasado e inquietándose por el futuro. ¿Cuál es la causa principal del sufrimiento y las

aflicciones del hombre? El no estar contento con lo que tiene y el anhelar lo que no tiene hace que el hombre pierda la paz mental.

¿De qué sirve pensar sobre un pasado que es irrevocable y un futuro que es incierto? Es una simple pérdida de tiempo. Lo que es más importante es el presente. Es omnipresente. Los resultados tanto del pasado como del futuro están en el presente. En el presente estamos cosechando lo que sembráramos en el pasado. Lo que sembremos en el presente lo cosecharemos en el futuro.

Es así que tanto el pasado como el futuro están contenidos en el presente solamente. Por ende, deberemos hacer el mejor uso posible del presente. Debemos resolver, por lo tanto, renunciar a las preocupaciones, no desperdiciar nuestro tiempo y llevar vidas ideales que nos conduzcan a la inmortalidad y al cumplimiento del propósito de la vida humana.

11. ¿Por qué debemos cuidar del cuerpo?

Porque es el templo móvil de Dios. Todo en este mundo es transitorio, pero ello no significa que descuidemos el llevar a cabo nuestros deberes.

12. Explique la importancia de desarrollar la confianza en uno mismo.

La confianza en uno mismo puede compararse con el cimiento del edificio de la vida. Debemos tener confianza en nosotros mismos en vez de poner la confianza en el mundo.

La autosatisfacción puede compararse con los muros, el autosacrificio con el techo y la autorrealización con la felicidad que derivamos de habitar en la mansión del cuerpo humano.

Con confianza en nosotros mismos seremos capaces de hacer frente y superar las dificultades de la vida.

Con ella, podemos lograr cualquier cosa y conseguir alegría.

13. Explique el significado de la palabra monosilábica "Yo".

Esta palabra monosilábica se refiere al *Atma* presente en todos nosotros. También existe por igual en todas las personas, sin que importe que una sea un *bhogi* (buscador de placeres), un *rogi* (enfermo), un *yogi* (persona realizada), un *viragi* (monje) o un *byragi* (mendigo).

Aunque difieran nombres y formas, el "Yo" en todos nosotros es uno solo y el mismo. Es por ello que los *Vedas* declaran que: "La Verdad (Existencia) es una. Los sabios le dan diferentes nombres": *Ekam Sat vipra bahudha vadanti.*

14. Swami dice: "Traten de experimentar la Unidad que subyace a la diversidad en el Universo". Explique.

El *Atma* existe por igual en todas las personas y en todos los nombres y formas. Por este motivo deberíamos ignorar la diversidad que vemos en todas las personas y ver la unidad subyacente del *Atma* que está presente en cada uno de nosotros.

Se debe a que vemos la diversidad e ignoramos la Unidad que haya tanta inquietud y carencia de paz en el mundo.

Muchas son las naciones, mas la Tierra es una sola. Muchos son los seres, mas la respiración es una sola. Las estrellas son muchas, mas el cielo es sólo uno. Si recordamos la Unidad en la diversidad, no quedará lugar para diferencias, conflictos o guerras en el mundo.

Los estudiantes nunca deberán dar lugar para diferencias y discriminaciones en sus pensamientos, palabras y actos.

15. ¿Por qué es importante que cuidemos el cuerpo?

Debemos cuidar del cuerpo por causa del precioso *Atma* que reside en él. Podemos juzgar por nosotros mismos si estamos fuertes y saludables o débiles y enfermizos, de acuerdo con la naturaleza de las ideas que surgen dentro de nosotros. Es por eso que se dice: "Llegas a ser aquello en lo que pienses": *Yat bhavam tat bhavati.*

Las ideas malsanas nacen únicamente en un cuerpo malsano.

Habiendo logrado este inapreciable nacimiento humano, debiéramos buscar al *Atma* en lugar de correr tras el alimento *(Annam)*. No debiéramos salir en busca de alimento. Si tenemos confianza en nosotros mismos, el alimento necesario caminará hasta nosotros, por así decir. Debemos comer para vivir y no vivir para comer.

16. ¿Cuáles son las cuatro máximas que debemos practicar?

Las siguientes:
1) Sigue al Maestro (tu conciencia).
2) Enfrenta al demonio (tus malas tendencias).
3) Lucha hasta el final.
4) Termina el juego (el de la vida y con éxito).

17. ¿Qué sentido importante tienen las tres primeras letras del alfabeto?

A, B y C significan: *"Always be careful"* (Sé siempre cuidadoso). Esto significa lo mismo que la declaración de las *Upanishads*:

"Levántate, despierta y no te detengas hasta haber alcanzado la meta".

18. ¿Cuál debiera ser nuestra actitud hacia la vida en nuestros asuntos cotidianos?

Debemos seguir cumpliendo con nuestros deberes y obligaciones de manera apropiada, día a día, con entusiasmo y alegría. Eso mismo nos producirá dicha. No debemos preocuparnos por el futuro ni cavilar sobre el pasado. Todo eso no son más que nubes pasajeras. En uno u otro momento deberemos conocer la Verdad acerca de nosotros mismos. Deberemos comenzar a saber de ella a partir de ahora mismo.

Deberemos estar en alerta todo el tiempo, porque no sabemos cuando se derramará sobre nosotros la Gracia del Señor, Sus Bendiciones o Su Amor, en qué momento, en qué lugar y bajo qué circunstancias. No podemos vislumbrar cuáles son los Planes Divinos.

Sabiendo que en este mundo no hay nada permanente, no debiéramos preocuparnos en absoluto. No debemos darle carta blanca a ningún tipo de preocupación. Sólo entonces podremos calificar para llegar a ser divinos.

19. Explique la importancia de los hábitos alimentarios en nuestra vida espiritual.

De los 8.400.000 especies de seres vivientes en la tierra, 8.399.999, como los insectos, las aves y los animales viven de lo que Dios provee en la Naturaleza. Por eso, en general, no sufren de enfermedad alguna.

El hombre es la única excepción. Al convertirse en esclavo de su paladar, el hombre disfruta solamente alimentos cocinados y sazonados, sin darse cuenta de lo mucho que tal alimentación reduce su longevidad.

Resulta interesante notar que los que viven de dietas vegetarianas son menos propensos a las enfermedades, comparados a los no vegetarianos. La razón reside en que los alimentos de origen animal son incompatibles con las necesidades del cuerpo humano. Se encuentran proteínas de mejor calidad en los vegetales, leguminosas, leche y requesón que en los productos animales. Los alimentos no vegetarianos no solamente afectan al cuerpo del hombre, sino que tienen también un pernicioso efecto sobre su mente.

20. ¿Cuáles son los efectos que produce el consumir alimento de origen animal?

Al consumir alimentos de origen animal, se despiertan tendencias animales. Como sean sus alimentos serán sus pensamientos.

Alimento - cabeza - Dios: los tres están interrelacionados.

Los hombres de hoy se comportan de manera incluso peor que los animales salvajes de la floresta. Se han vuelto crueles, despiadados y duros de corazón. No existe simpatía ni comprensión entre hombre y hombre. La razón principal para esta condición es la clase de alimentos que el hombre consume.

Los estudiantes han de ser cuidadosos respecto del tipo de alimentos que comen. La alimentación debe conducir a su salud y felicidad.

21. ¿Qué cantidad de alimento debemos ingerir cada día?

Nuestros antepasados solían comer sólo dos veces al día. Nuestros antiguos sabios solían comer sólo una vez al día. Se ha declarado que un hombre que come una vez al día es un *yogi* (persona realizada), el que come dos veces al día es un *bhogi* (un gozador), en tanto que el que come tres veces al día es un *rogi* (un hombre enfermo).

El hombre requiere una alimentación que le provea una energía equivalente a una caloría por minuto. Para una vida saludable, el hombre requiere sólo 1.500 calorías al día. Los jóvenes deberían satisfacerse con 2.000 calorías diarias. Debido a que nuestra ingesta alimentaria ha aumentado más allá de estos límites, las gentes sufren de todo tipo de dolencias.

No se preocupen por el sueño. Si se van a la cama sin preocupación alguna, dormirán profundamente de manera automática.

22. ¿Cuáles son los requerimientos para llevar una vida ideal?

Estos requerimientos son:
1) Observen la moderación en su ingesta de alimentos.
2) Mantengan su cuerpo en buenas condiciones.
3) Lleven a cabo correctamente sus deberes.
4) No desarrollen un apego indebido por el cuerpo.
5) Eliminen los sentimientos de "yo" y "mío" en todos sus pensamientos, palabras y actos. Estos sentimientos son los principales responsables de todos los problemas y males que predominan en la sociedad.
6) Minimicen, o traten de eliminar por completo, el sentimiento de "factura" (yo soy el hacedor) y de "disfrute" (yo soy el que disfruta).

23. ¿Por qué sufrimos de mala salud?

Sufrimos de mala salud debido a razones psicológicas. Debemos mantener siempre una visión positiva y la confianza en nosotros mismos de que nuestra salud es buena.

En los tiempos de antaño, se consideraba como joven a la gente a edades de 80, 90 y hasta 100 años. En la época de la guerra del *Kurukshetra*, *Krishna* y *Arjuna* tenían 86 y 84 años respectivamente, pero su condición era juvenil. *Bhishma* tenía 116 años y era el comandante en jefe del ejército de los *Kaurava*. Luchó bravamente por nueve días.

Eran jóvenes gracias a sus condiciones mentales, el alimento nutritivo y, en especial, por su confianza en el *Atma*, el Sí Mismo real.

Debemos buscar, por ende, la confianza en nosotros mismos y la fuerza espiritual.

24. *¿Cómo podemos alcanzar firmeza y estabilidad en la vida?*

Lo haremos si desarrollamos el valor como para enfrentar con ecuanimidad las vicisitudes de la vida, alegría o pesares, ganancias o pérdidas. Podemos adorar una imagen como Dios, pero no a Dios como una imagen.

La mente no deberá oscilar de un momento al otro.

25. *¿Cuáles son las características de un devoto?*

Un devoto es una persona con devoción genuina. Debiera estar listo para aceptar gustosamente todo lo que llegue a él, como regalo de Dios.

La real fuerza y valía de un hombre brillarán únicamente cuando sufra pruebas y tribulaciones, dificultades y pesares.

Hay muchos que se llaman a sí mismos devotos, pero que no se comportan adecuadamente. La devoción real está apuntalada por una fe firme y que se mantiene sólida e invariable en toda circunstancia. Sólo entonces el devoto merecerá recibir los frutos del real *Bhakti* (devoción).

26. ¿Cuáles son los cinco componentes vitales de nuestra personalidad?

Ellos son:

1) el cuerpo
2) los sentidos
3) la mente
4) el intelecto
5) el *Atma*.

Una vez que hayamos entendido los misterios y sutilezas de cada uno de ellos, no necesitaremos de otra disciplina espiritual.

La Verdad lo es todo. Sin darnos cuenta de esto, no vale la pena que nos molestemos con todo tipo de *Sadhanas* (prácticas espirituales). Nuestras vidas deberán ser guiadas por la conciencia del *Atma* y no la del cuerpo.

Para controlar la mente, debemos ser capaces de entender su naturaleza. También debemos entender por completo a los sentidos. Una vez que hayamos entendido por completo la naturaleza y el rol del cuerpo, los sentidos, la mente, el intelecto y el *Atma*, podremos florecer como personas dotadas de pureza y ecuanimidad.

Capítulo 4

EL DOMINIO DE LOS SENTIDOS

1. Explique la relación entre el cuerpo y los sentidos.

El cuerpo y los sentidos son inseparables e interdependientes. No puede haber un cuerpo sin sentidos ni sentidos sin un cuerpo: ninguno de ambos podría funcionar.

El cuerpo ejerce influencia sobre los sentidos, mas son los sentidos los que tienen una mayor influencia sobre el cuerpo. Es imperativo para cada persona el cuidar adecuadamente del cuerpo para que los sentidos puedan mantenerse bajo control.

2. Explique la relación entre los órganos sensoriales y los objetos sensoriales.

Los órganos sensoriales son los ojos, los oídos, la nariz, la lengua y las manos. Los sentidos son las facultades de la vista, el oído, el olfato, el gusto y el tacto.

Los objetos en nuestro ambiente son los objetos sensoriales. Sin ellos los órganos sensoriales no podrían funcionar ni por un instante. La alegría y el pesar, el calor y el frío, el placer y el dolor se experimentan únicamente cuando los órganos sensoriales entran en contacto con los objetos sensoriales.

Los sentidos son más sutiles que el cuerpo y ejercen control sobre él. Aunque las facultades del habla, el tacto, la vista, el oído y el gusto existen en el cuerpo tanto como el gas, la bilis y la flema, los sentidos ejercen un extraordinario control también sobre ellos.

3. Los sentidos también son llamados Maatraah. Explique los dos significados de esta palabra.

La palabra *Maatraah* tiene dos significados:

1) El primero es: instrumento de medición. La medición la realizan los órganos sensoriales de la manera siguiente. La lengua, por ejemplo, mide o decide acerca del gusto de una fruta y decide si es dulce o ácida, buena o mala. El ojo, por ejemplo, decide si un cuadro es atractivo o feo; es el instrumento de medición para este propósito. El oído decide si una música es grata o no. La nariz decide si un olor en particular es fragante o desagradable.

Por lo tanto, los órganos sensoriales están dotados de la capacidad para medir o determinar las cualidades y características de diferentes objetos sensoriales.

2) *Maatraah* también indica los límites de lo que puede ser experimentado por cada órgano sensorial. Esto ha sido prescripto por Dios. De modo que un ojo puede ver mas no oír. La lengua sólo puede gustar, mas no ver. Cada órgano (exceptuando la lengua) ha sido dotado por Dios de un solo talento específico.

Aquellos que utilizan los órganos sensoriales de acuerdo con las funciones divinamente prescriptas, serán los que estén actuando según la Voluntad Divina. Los que violan los límites prescriptos estarán sujetos a castigo.

Por ende deberemos hacer uso de los órganos sensoriales respetando las funciones y los límites prescriptos por Dios para cada uno de ellos.

Es así que la nariz sólo podrá ser usada para inhalar y exhalar el aire para preservar nuestra salud y para distinguir entre los buenos y los malos olores, para que podamos evitar los últimos. Sin embargo, si la usáramos para inhalar tabaco en polvo o para inhalar hedores, estaremos violando los mandamientos referentes al uso de la nariz.

Estaremos, entonces, cometiendo una doble ofensa: 1) violando los mandamientos divinos y 2) causándole daño a nuestra salud.

De igual manera, la boca y la lengua nos han sido dadas para consumir alimentos saludables y para hablar dulce y amablemente y darle alegría a los demás. Es lamentable, sin embargo, que se haga un mal uso de la lengua consumiendo drogas y narcóticos, alimentos de origen animal, fumando, insultando a otros, contando chismes, pronunciando palabras hirientes, diciendo mentiras, etc. El hombre sufre innumerables problemas como resultado del perverso uso de la lengua.

4. Se describe a los sentidos como caballos uncidos al carro del cuerpo. Explique.

La palabra *aswa* en sánscrito significa caballo. *Aswa* también quiere decir aquello que es inquieto. Un caballo está moviendo alguna parte de su cuerpo en todo momento, incluso cuando duerme. Y debido a esta naturaleza inquieta es que un caballo es llamado *aswa*.

Antaño, los gobernantes solían llevar a cabo un *Yaga* (sacrificio) llamado *Aswa-Medha Yaga*. *Aswa* significa inconstante, *Medha* significa intelecto, *Buddhi*. Es así que *Aswa-Medha* significa "de mente inconstante". Por ello el caballo que se usaba para el sacrificio simbolizaba a esta mente inconstante. Cualquiera que fuese capaz de capturar y de controlar a ese caballo era considerado como un *Dheemantha*: un hombre de inteligencia heroica.

Es el deber de todos hoy en día el llegar a controlar a estos sentidos como a caballos, y aquel que lo logre podrá ser llamado un héroe de veras. Si un hombre no tiene control sobre sus senidos, todos sus demás logros serán inútiles.

5. ¿Cómo puede elevarse un hombre a alturas divinas?

Por medio del uso correcto de los sentidos dados por Dios y para los propósitos para los que están destinados, el hombre puede elevarse hasta alturas divinas.

No debemos emplear los órganos sensoriales según nuestro gusto y amaño. En la *Katha Upanishad*, los sentidos son comparados a caballos uncidos al carro del cuerpo. Debemos saber cómo manejar correctamente a los órganos sensoriales para que el carro del cuerpo pueda rodar suave y seguramente por el camino debido hacia la meta última de la vida. El caballo habrá de estar frente al carro y no detrás o dentro de él.

Si fomentamos a los sentidos sin ponerlos bajo nuestro control, ello equivaldría a alimentar en demasía al caballo sin proporcionarle un trabajo adecuado.

En la actualidad los hombres están mimando a los sentidos sin darles trabajo adecuado. Como Dios lo ordena, los sentidos deben recibir un empleo correcto, de lo contrario se descarriarán y el hombre sufrirá de carencia de paz.

Sólo cuando los sentidos se mantienen bajo un adecuado control puede ser feliz el hombre, y podrá compartir su felicidad con quienes lo rodeen.

6. ¿Cómo se pueden conciliar y armonizar las exigencias de los sentidos y poner éstos bajo control?

Se pueden conciliar y armonizar las exigencias de los sentidos tratando tanto lo bueno como lo malo por medio del equilibrio mental.

Tukaram fue un ilustre ejemplo en este sentido. *Tukaram* era un gran devoto de Dios y tenía una naturaleza gentil. Gracias a su calma y paciencia, *Tukaram* logró avenirse con su mujer que era una persona muy difícil. Uno deberá enfrentar discordias y dificultades sólo cuando se tiene el hábito de desquitarse. Mas *Tukaram* era la personificación misma de la tolerancia y la ecuanimidad, cosa que se encuentra sólo en unas pocas personas de alma elevada.

Estas cualidades sólo se pueden adquirir a través de la devoción por Dios y la fe en El.

No podemos descorazonarnos por temor a no poder controlar los sentidos. Estos pueden ponerse bajo control desarrollando una devoción focalizada en Dios y por la entrega a El.

7. ¿Tiene el medio ambiente algo que ver con el control de los sentidos?

El medio ambiente no tiene nada que ver con el control de los sentidos. En el caso de *Tukaram*, su medio no era muy compatible con su práctica espiritual, puesto que su mujer no cooperaba con él. Pero pudo superar estas dificultades gracias a su paciencia y ecuanimidad.

Lo que cuenta a este respecto es más bien la pureza de los impulsos, la sinceridad del propósito y la determinación en transitar por la Senda Divina que el medio ambiente en que uno se mueva.

8. ¿Cómo pueden ser disciplinados los sentidos?

Los sentidos desarrollan malos hábitos tan pronto como les damos la oportunidad para hacerlo. Es nuestro deber apartarlos de sus malos hábitos y entrenarlos correctamente para que adquieran otros buenos.

Cuando la atención de un sentido es distraída por algo malo o negativo, habrá que desviarla hacia una cosa deseable mediante algún incentivo más fuerte o desincentivarla. Entonces desechará el mal hábito y podrá ser entrenado para adquirir otros buenos. Los antiguos sabios consideraban al control de los sentidos como una forma de penitencia.

9. ¿Qué significa la palabra Pasupati?

La palabra *pasu* significa animal. Los sentidos han sido comparados con animales. *Pasu* también significa alguien cuya visión está orientada hacia el exterior.

Aquel que posee una visión interna es llamado *Pasupati*, lo que significa "Señor de los animales" o el Señor *Shiva*.

El hombre debería aspirar y esforzarse por llegar a ser un *Pasupati* o señor de sus sentidos, y no permanecer como un simple *pasu* o esclavo de ellos. Si hemos de llegar a dominarlos, es importante no mimarlos.

10. "Cada placer sensorial lleva en sí el aguijón del pesar." Explique.

Si investigamos cuidadosamente el lugar de nacimiento de los placeres sensoriales, descubriremos que todos ellos se originan únicamente en el pesar. El placer que se logra de los sentidos no es más que momentáneo y termina finalmente sólo en dolor.

Los deseos despiertan en un momento y se aquietan al momento siguiente. Al contemplar esta naturaleza momentánea y engañosa de los placeres sensoriales, podemos desarrollar la discriminación y el desapego y mantener en jaque a los sentidos. Por otra parte, si nuestros sentidos se mantienen ocupados de manera correcta, no tendremos problemas con ellos. De lo contrario nos convertiremos en sus esclavos.

11. ¿Por qué se fundió en el Señor Krishna el alma de Sisupala al morir?

El Señor *Krishna* siempre fue ferozmente insultado por *Sisupala*. En una ocasión, estando en la sala de audiencias del Rey *Yudhistira*, *Sisupala* objetó los honores de alto rango que se le rendían al Señor *Krishna* y lo insultó de la manera más virulenta. Al pasarse de límite las injurias, el Señor *Krishna* le lanzó a *Sisupala* la misma bandeja en que el Rey *Yudhistira* le ofrecía hojas de betel y nueces de areca. Fue así que mató al malvado *Sisupala* y la llama de vida que emergió de su cuerpo se fundió en el Señor.

Narada le explicó al atónito Rey *Yudhistira* que la sangre que se satura con el recuerdo constante de Dios se transforma en una ofrenda dedicada a El. Debido a su intenso odio por el Señor *Krishna*, *Sisupala* recordaba Su nombre con mayor frecuencia que muchos devotos. No tiene importancia alguna que este recuerdo constante se deba al amor, al odio, a la envidia, al ego o a la entrega. Y se debió a su permanente e incesante recuerdo del Señor *Krishna* que el alma de *Sisupala* se pudo fundir en El.

12. Algunas personas culpan a Dios, al ambiente o a otras personas por sus propias imperfecciones. Explique por qué sucede y cómo puede evitarse.

Hay personas que culpan a Dios por sus propios defectos. Dios está libre de odio o envidia, preferencias o desagrados. Si se los atribuyéramos al Señor, no serían sino reflejos de nuestros propios sentimientos.

Dios es como un limpio espejo. Dios no castiga ni recompensa a nadie. Somos castigados o recompensados por nuestras propias acciones. El ojo de Dios no ve pureza ni impureza. Todo está únicamente en nuestra visión.

Aquello que el hombre piensa es lo que llega a ser.

Miramos hacia el mundo a través de nuestros lentes coloreados y le atribuimos estos colores al mundo. Es nuestra visión defectuosa la que nos hace ver defectos que no existen realmente en la creación.

Si usamos correctamente nuestros sentidos, nos entregarán impresiones certeras. Le atribuimos erróneamente a los sentidos defectos que existen en nuestros propios procesos pensantes y nuestros sentimientos.

En el caso de *Tukaram*, le daba una interpretación favorable hasta a la conducta grosera y negativa de su mujer. Por este motivo, sus sentidos no se interpusieron en el camino de su ecuanimidad y progreso espiritual, pese a las enojosas circunstancias de su vida familiar.

Lo que necesitamos, por ende, es armonizar nuestros pensamientos y sentimientos mediante una correcta práctica espiritual *(Sadhana)*, en lugar de culpar a Dios, a otros o al medio ambiente por nuestros propios defectos.

13. ¿En qué forma debiera usar el hombre la facultad de la discriminación y la libertad que ha recibido?

Dios le dio al hombre la facultad de la discriminación. Debe emplearla para controlar y guiar a los sentidos por el camino correcto. Si toma por el camino equivocado al usar malamente de esta facultad y ceder ante los sentidos, no estará comportándose de la manera que le corresponde a un ser humano.

El hombre debe hacer uso de la libertad que se le ha otorgado para controlar a sus sentidos y a su sí mismo inferior. Debiera empeñarse en liberarse de los sentidos y no en liberar a los sentidos.

La verdadera libertad reside en el control sobre los sentidos y el sí mismo inferior para alcanzar al Sí Mismo Superior y experimentar la dicha eterna del *Atma*, el *Atmananda*.

14. *Explique la importancia del desarrollo del carácter y los valores humanos junto con nuestra educación.*

La educación actual se orienta sólo al desarrollo de la inteligencia y la destreza. Ignora por completo el desarrollo del carácter y los valores humanos.

Es importante contar con carácter junto a los conocimientos. Sólo entonces podemos gozar de un perfecto equilibrio de la vida. El adquirir cualquier cantidad de conocimientos resultará inútil si no desarrollamos al mismo tiempo nuestro carácter.

Por un lado debemos controlar nuestros sentidos y por el otro, desarrollar una forma virtuosa de vivir.

15. *Además de controlar a los sentidos también debiéramos armonizarlos. Explique.*

Deberemos armonizar nuestros sentidos concentrándonos en lo que es bueno. Así nos mantendremos automáticamente alejados de lo malo.

Aunque *Patanjali* sostiene que el yoga es el control de los vagabundeos de la mente, ello es algo muy difícil por no decir imposible de lograr. El método fácil es el de lograr la armonía o equilibrio mental.

Es la debilidad de nuestra mente la responsable de nuestros problemas.

Muchas gentes sufren no por causa de sus sentidos, sino debido a toda suerte de imaginaciones erradas. Habrá que desechar la imaginación y los temores sin fundamento y alcanzar así la armonía y el equilibrio mentales.

Capítulo 5

EL CAMINO HACIA LA DIVINIDAD

1. ¿En qué tipo de corazones humanos residen los vicios de la ira y la envidia?
Ellos residen en los corazones de los hombres despreciables.

2. ¿Qué diferencia hay entre los sentidos, los órganos sensoriales, los objetos sensoriales y las percepciones sensoriales?
Los términos sentidos y órganos sensoriales tienen casi el mismo significado. Los órganos sensoriales son cinco y son los ojos, los oídos, la nariz, la lengua y las manos.

Percepción sensorial significa ver, oír, oler, gustar y tocar.

Los objetos sensoriales son los objetos en nuestro medio a los que se apegan nuestros cinco sentidos a través de sus percepciones (percepciones sensoriales). Las percepciones sensoriales son más poderosas que los órganos sensoriales.

Nuestro objetivo primordial habrá de ser el control de nuestros sentidos, y no apegarnos a los efímeros placeres de los objetos sensoriales que producen alegrías momentáneas seguidas por una infinita desdicha.

3. ¿Cuál es el más importante de los órganos sensoriales? ¿Qué resultados tiene el dominarlo?

El más importante de los órganos sensoriales es la lengua. Si llega a conquistarse la lengua ello equivale virtualmente a conquistar a todos los sentidos.

La lengua tiene dos funciones importantes: comer y hablar. Si llegamos a conquistar estas dos facultades suyas, podremos fundirnos en el Sí Mismo Divino.

Cuando la lengua para de hablar, la mente comienza a parlotear. Para controlar el parloteo de la mente, hay que despertar al intelecto y persuadirnos amablemente a volverse de modo gradual hacia el *Atma*.

El verdadero *Sadhana* (práctica espiritual) consiste en fundir la facultad del habla *(Vaak)* con la mente, la mente con el intelecto *(Buddhi)* y el intelecto con el *Atma*.

Sin embargo, en lugar de llevar a cabo este *Sadhana*, el hombre se deja arrastrar por los placeres sensuales que lo ahogan en profundo pesar.

4. ¿Quién es el real experimentador o gozador de todos los placeres derivados de los sentidos?

El *Atma* es el experimentador y gozador de todos los placeres derivados de los sentidos. El *Atma* es la causa sin causa de todo lo que existe. Es el *Atma* el que fomenta, sustenta, preside y gobierna sobre todas las cosas en el Universo.

Hay una íntima relación entre el mundo externo y el mundo interno dentro de nosotros. El *Atma* constituye la base del mundo manifestado y la fuente original de la motivación para el mundo interno.

El *Atma* es la causa raíz de todo. Sólo cuando reconocemos este rol de importancia mayor del *Atma*, habrán cesado de ejercer dominio sobre nosotros los órganos sensoriales.

5. La lengua y la boca son los más importantes entre los cinco órganos sensoriales. Expóngalo.

El dominio sobre la lengua y la boca nos permitirá dominar fácilmente a todos los demás órganos sensoriales.

La *Katha Upanishad* ha comparado a los sentidos con caballos. Una vez que se le pongan las riendas a un caballo se podrán controlar fácilmente sus movimientos. En el caso del hombre, el más importante de los órganos sensoriales es la lengua. Controlando la lengua uno puede adquirir virtualmente el control del mundo mismo. El poder del habla se puede emplear para un propósito noble o puede ser mal usado.

Hay un dicho que reza: "Un resbalón del pie puede no causar mucho daño, mas un resbalón de la lengua puede hacer que caigas al infierno". Un uso imprudente de la lengua puede herir gravemente los corazones de otros y no hay médico en el mundo que pueda sanar la herida causada por una palabra cruel.

6. ¿Cómo se dirigía Bilvamangal (Jayadeva) a su lengua?

Le hablaba de la manera siguiente:

"¡Oh mi querida lengua! Tienes la capacidad de distinguir entre un sabor bueno y uno malo. No te dejes llevar por las habladurías ociosas. ¡Busca ocuparte en cantar los dulces y gloriosos Nombres del Señor: *Govinda, Damodara, Madhava!*"

7. ¿Qué sucede cuando los sentidos entran en contacto con los objetos sensoriales?

Cuando ello sucede, puede dar por resultado un inmenso placer como también un interminable dolor.

Si alguien nos injuriara y no lo escuchamos, el insulto no nos afectará en modo alguno. Sin embargo, si las palabras injuriosas llegan a nuestros oídos, nos excitamos y hasta podemos enojarnos. ¿Cuál es la razón? Esto reside en el contacto del sentido de la audición con el objeto sensorial de las palabras injuriosas.

De manera similar, si alguien nos elogia y no lo escuchamos no derivaremos ninguna alegría ni sentimiento de agrado hacia esa persona. Si oímos las palabras, sin embargo, nos regocijamos con ellas e incluso desarrollamos afecto hacia el que las pronunció.

Esto deja en claro que los sentidos pueden gozar de paz sólo cuando no entran en contacto con objetos sensoriales.

8. *¿En qué forma podemos evitar el placer o dolor causados por el contacto de los sentidos con los objetos sensoriales y, con ello, trascender estas limitaciones humanas?*

No es posible evitar que los sentidos entren en contacto recíproco con los objetos sensoriales.

Para evitar el sentimiento de dolor o de placer y para gozar de paz, deberemos mantener un sentimiento de ecuanimidad, sin darle cabida ni al regocijo ni a la agitación. Con algo de esfuerzo podemos desarrollar una actitud como para contrapesarnos.

Para fomentar tal actitud, habremos de recurrir a la senda de la indagación y llegar a la firme convicción de que: "Yo no soy ni el cuerpo ni los órganos sensoriales. Yo soy el *Atma* siempre dichosa". Sólo cuando hayamos llegado a establecernos inconmoviblemente en esta convicción, dejarán de molestarnos los órganos sensoriales.

Podemos trascender las limitaciones humanas sólo cuando estemos firmemente establecidos en la senda de la indagación y de la contemplación constante de la idea de que no somos otra cosa sino el *Atma*. Unicamente entonces podremos trascender las limitaciones humanas y experimentar, en cualquier circunstancia, al Sí Mismo Divino.

9. ¿Cuáles fueron las palabras de consejo que recibiera el gran filósofo Philip Sydney de su padre?

Los consejos que recibiera de su padre pueden resumirse como sigue:

1. Ofrece cada día, de corazón, tus oraciones a Dios.
2. Empéñate siempre en volver tu mente hacia Dios.
3. Condúcete con respeto y humildad frente a tus profesores y compañeros.
4. No le des cabida a la ira, la desilusión o el descontento.
5. No te aflijas cuando otros te critiquen o injurien.
6. No te regocijes cuando otros te elogien.
7. Nunca critiques a otros.
8. Si alguna vez tienes que hacer una promesa, hácela sólo a Dios.
9. El lenguaje es un don de Dios. La palabra empeñada se le ofrece sólo a Dios.
10. Ejerce siempre control sobre tu lengua.

También le dijo: "Si te atienes a estas normas, crecerás en sabiduría y llegará a brillar tu gloria".

Philip Sydney siguió escrupulosamente los consejos de su padre y alcanzó eminencia como filósofo.

10. ¿Cuáles son las pautas que debiera seguir un estudiante para el empleo de la lengua?

Los estudiantes debieran saber que hablar demasiado resulta dañino para sus mentes. Tampoco debieran ocuparse de otros asuntos que no sean sus estudios.

No deben olvidar que son buscadores de conocimiento y no buscadores de cualquier otra cosa.

No deben dedicarse a otras actividades sino después de haber finalizado sus estudios. E incluso entonces deberán seguir las reglas de la moderación en asuntos relativos a su vida cotidiana.

11. ¿Cuáles son los cuatro tipos de lapsos en que incurre la lengua?

Tiende a caer en lo siguiente:

1) pronunciar mentiras
2) llevar cuentos sobre otros
3) criticar o escandalizar a otros
4) hablar excesivamente.

Uno debe decir sólo la verdad. Si fuera peligroso decir la verdad, uno deberá ser lo suficientemente discreto como para evitar decir ni la verdad ni la falsedad.

12. "Los sentidos son la causa fundamental para todas las alegrías y pesares del género humano". Exponga.

Los sentidos son extremadamente poderosos. Como resultado, su mal uso viene a ser la causa para todas las alegrías y los pesares del género humano. Por eso es que hemos de entender cabalmente la naturaleza y el papel que desempeñan los sentidos, como para aprovecharlos en ventaja nuestra.

Siempre hemos de adherir a la senda de la Verdad, la Rectitud y la Justicia.

Lamentablmente, el hombre es una víctima impotente de sus cinco sentidos. Son ellos los que lo hacen desviarse y le hacen sufrir interminables problemas.

Hay diferentes animales que son atrapados y hasta pierden la vida por causa de su debilidad por uno de sus sentidos. Es así que el ciervo tiene debilidad por el sonido, el elefante por el tacto, la polilla por la vista y la abeja por el olfato. Desafortunadamente, el hombre es víctima de sus cinco sentidos y puede ser atrapado por cualquiera de ellos. Esto puede resultar en una desdicha permanente.

13. *Exponga el ejemplo de* **Prahlada** *niño como Señor de sus sentidos.*

Prahlada fue un joven devoto de Dios. Su padre que era rey, era un enemigo de Dios y trató por muchos medios de separar a *Prahlada* de su amor a Dios.

Prahlada llevaba el nombre de Dios danzando siempre entre sus labios y no sucumbió nunca a las cosas del mundo. Dios lo rescató de cada dificultad y le salvó la vida.

14. *¿En qué orden hay que controlar los diferentes ropajes que envuelven al hombre?*

El hombre que es el *Atma*, lleva cuatro vestimentas que son el cuerpo, los sentidos, la mente y el intelecto. Aquí el orden va en grado creciente de sutileza. Esto significa que el intelecto deberá controlar a la mente, la mente deberá hacerlo con los sentidos y los sentidos (ya sometidos al control de la mente y el intelecto) debieran controlar al cuerpo. Si esto no sucede y si los sentidos controlaran a la mente o al intelecto, el hombre se sumiría en sufrimientos y desdichas.

Siendo que el *Atma* es el más sutil de todos, debiera ejercer el dominio sobre las restantes cuatro vestiduras: cuerpo, sentidos, mente e intelecto.

15. *¿Cuál es la tarea principal y primerísima de la gente joven de hoy?*

Esta tarea es la de poner bajo control a los órganos sensoriales, los que son inmensamente potentes.

Se debe a que los jóvenes de hoy han perdido el control de sus sentidos, el que todas sus acciones y su conducta sean erradas. No saben cómo sentarse correctamente en la sala de clases, no saben cómo caminar, cómo leer, cómo dormir ni cómo comportarse con sus padres, sus profesores, sus mayores y sus amigos. Mientras caminan debieran mantener la vista fija en sus pies. Cuando duermen, debieran estirar sus cuerpos y mantenerlos rectos.

Por medio de una práctica constante de la manera correcta de hacer las cosas, la gente joven desarrollará buenos hábitos y alcanzará el dominio sobre sus sentidos.

16. ¿Por qué es de máxima importancia para los estudiantes la observancia de la disciplina?

Los estudiantes se harán impopulares e indeseables frente a otros si no observaran la disciplina en todas sus actividades.

Deben evitar una excesiva curiosidad en asuntos que no les conciernen directamente. No deben permitirse hablar excesivamente ni interferir en los asuntos de otros.

Deben saber cómo sentarse correctamente. Cuando caminan o están sentados, deben mantenerse rectos como una vara, con la columna vertebral derecha. La razón para ello es que el *Sushumna Nadi*, que corre desde el *Mooladhara Chakra* en la base de la columna hasta el *Sahasrara* en la cima de la cabeza, no debe doblarse.

La importancia del *Sushumna Nadi* para el hombre le es conocida sólo a los dedicados a la práctica del *Kundalini Yoga*.

17. Explique el incidente en donde el Señor Krishna *llevó el calzado de una mujer.*

El noveno día de la Guerra del *Kurukshetra*, *Bhishma* hizo el voto de que mataría a todos los hermanos *Panda-*

vas al siguiente día de batalla. La mujer de los *Pandavas*, *Draupadi*, supo de esto y fue hacia *Krishna*, cayendo a Sus pies. Le rogó que preservara las vidas de los *Pandavas*, sus maridos. Eran las diez de la noche en ese momento.

El Señor *Krishna* le pidió a *Draupadi* entonces que se apresurara en ir a la tienda de *Bhishma*, con su cabeza envuelta en un velo, asegurándose de que los cascabeles de sus tobillos sonaran mientras se postraba. Luego, *Krishna* también le pidió a *Draupadi* que dejara su calzado con El. *Draupadi* hizo lo pedido y se postró a los pies de *Bhishma*, haciendo sonar los cascabeles de sus tobillos. De acuerdo con la tradición hindú, *Bhishma* la bendijo, diciendo: *"Deergha Sumangali Bhava"*, señalando "Que tengas una larga vida con tu marido", sin reconocer su identidad. *Draupadi* se quitó el velo entonces y le dijo a *Bhishma* que había venido hasta él a esas horas de la noche sólo para conseguir esa bendición. Entonces hizo su teatral entrada el Señor *Krishna* y *Bhishma* se dio cuenta que había sido el Señor *Krishna*, el Estratega Maestro de todo el Universo, quien había ideado esa jugada impecablemente perfecta.

Como sintiera hambre, *Bhishma* preguntó qué había en el paquete que el Señor *Krishna* llevaba bajo el brazo. *Krishna* lo dejó caer y tanto *Bhishma* como *Draupadi* se quedaron sorprendidos al descubrir que el Señor *Krishna* había estado llevando las sandalias de *Draupadi*. Ambos derramaron lágrimas de éxtasis frente a lo hecho por el Señor.

Bhishma exclamó: "No hay límite para las molestias que Te das para proteger a Tus devotos, cuando se han rendido ante Tus Pies de Loto. ¡Qué Señor tan misericordioso eres!"

18. ¿Cuál es la lección que habrían de aprender los estudiantes de la historia del Señor Krishna cargando las sandalias de Draupadi?

Los estudiantes no deberán considerar nada como desmerecedor o por debajo de su dignidad, en tanto sirva al propósito de ayudar a los necesitados sin desviarse de la senda de la rectitud.

Nuestras antiguas Escrituras como los *Vedas*, los *Sastras*, los *Puranas* y las Epopeyas, entregan un sinnúmero de luminosos ejemplos de personas que llevaron este tipo de vida noble e ideal.

Los estudiantes de hoy, lamentablemente, son ignorantes en cuanto a la rica herencia de su gloriosa cultura y tradición. Ni siquiera saben lo que se quiere decir con *Sastras, Ramayana* o *Parayana* (recitado de las escrituras).

Los estudiantes debieran convertirse en pioneros en cuanto a lograr una sensata y armónica combinación de conocimientos tanto científicos como espirituales.

19. "La verdadera sabiduría consiste en discernir y descubrir la unidad fundamental que existe tras de las diferencias superficiales en la cultura del mundo." Exponga.

La Cultura no es más que la esencia extraída de la Espiritualidad. De la misma manera en que el azúcar es común a todas las variedades de dulces que difieren aparentemente entre sí, la Espiritualidad es común a las aparentemente diferentes culturas de todos los países y naciones.

Debemos cultivar y desarrollar la visión unitaria de que la cultura es una parte de la Espiritualidad global.

Viswam, el Universo, no es separado de *Vishnu*, Dios. Debemos reconocer que "lo mundano" y "lo espiritual" son las dos caras de la Realidad o Verdad única e indivisible.

Una semilla de fréjol consiste de dos cotiledones. Cuando germina, el brote crece entre ambos y extrae sus nutrientes de los dos.

Del mismo modo el brote llamado ser humano requiere tanto de los aspectos seculares como sagrados de su vida para su crecimiento y desarrollo pleno. Estos dos aspectos de la vida no pueden existir ni prosperar independientemente, aislados el uno del otro. La suma total de ambos aspectos es lo que se llama "Cultura".

Las gentes que carecen de una visión unitaria con amplitud de miras, ven las aparentes e imaginarias diferencias entre las culturas de una nación y la otra.

Por ende, la verdadera sabiduría consiste en discernir y en descubrir por nosotros mismos la unidad fundamental tras de las diferencias superficiales en la cultura del mundo.

20. *Explique el significado de la palabra "Religión".*

Religión implica Realización. Y puesto que la Realización es una y la misma para todas las religiones, sin que importe cuál se profese, hay que concluir que, básicamente, todas las religiones son una o, para ser más preciso, que hay una sola religión, tal como existe una sola Realización.

Decir que el Hinduismo, el Budismo, el Cristianismo y el Islam son religiones diferentes, revela una estrechez de miras y la falta de entendimiento del significado de la palabra religión.

21. *¿Cuál fue la respuesta del Señor* Krishna *cuando* Dhritarashtra *le preguntó por qué se inclinaba hacia los* Pandavas*? ¿Qué implicancia tiene la respuesta del Señor* Krishna*?*

El Señor *Krishna* le dijo a *Dhritarashtra*: "¡Oh Rey! Me apena decir que no eres ciego físicamente tan sólo, sino también espiritualmente. Debieras entender que no puedo sino ayudar y apoyar a aquellos que buscan refugio en Mí, sin reserva alguna.

"Permite que te explique la naturaleza de Mi relación con los *Pandavas*. *Yudhishtira* es Mi cabeza, *Arjuna* Mis hombros, *Bhima* Mi estómago, *Nakula* y *Sahadeva* son Mis piernas. Yo soy el corazón. Por ende, somos todos partes inseparables del mismo cuerpo".

La anterior respuesta implica que el cuerpo, los sentidos, la mente, el intelecto y el *Atma* juntos constituyen la personalidad humana integral.

Esto ilustra la verdad de la declaración védica: La Existencia es Una: *Ekam Sath*.

Y de la misma forma en que el cuerpo tiene varias partes, el Señor único tiene también varios Nombres.

22. ¿Cuál fue la respuesta de Narayana *cuando el sabio* Narada *le preguntó acerca de Su dirección correcta?*

El celestial sabio *Narada* le preguntó una vez al Señor *Narayana* acerca de Su dirección "correcta", puesto que tenía muchas "sucursales". El Señor *Narayana* dijo que Su "Casa Principal" o Su dirección correcta en donde se encontraba siempre, era el corazón del devoto que lo recordaba constantemente con amor y devoción supremas.

Capítulo 6

SOSTENGAN LAS RIENDAS

1. ¿Cuáles son los resultados del uso y abuso de la mente?

El uso y abuso de la mente son responsables de:

1) los logros y caídas del hombre en la vida,
2) la esclavización o liberación del hombre,
3) el olvido de su propia realidad y el que se ahogue en la desdicha.

2. El hombre y su personalidad son una combinación de tres factores. ¿Cuáles son?

El hombre es una combinación de cuerpo, mente y *Atma*. Los tres representan los escalones para el ascenso del hombre hacia lo Divino.

El cuerpo es el instrumento para las acciones (hacer).

La mente se ocupa de la cognición (saber).

El *Atma* es la Realidad invariable y permanente. El *Atma* es el aspecto Divino en el Hombre (Ser).

Hacer, Saber y Ser son las tres manifestaciones de la personalidad humana. La armonización y la unificación de cuerpo, mente y *Atma* ayudan al hombre a elevarse desde el nivel humano al Divino. La desarmonía entre cuerpo, mente y *Atma* degrada al hombre al nivel animal.

3. ¿Qué significa la palabra Antahkarana? Exponga los cuatro aspectos del Antahkarana.

La palabra *Antahkarana* significa el instrumento *(karana)* interno *(antah)* del hombre. El instrumento interno del hombre es la mente. La mente misma asume la forma sutil de *Antahkarana*.

Este consiste de cuatro aspectos:

1) *Manas* - mente.
2) *Buddhi* - intelecto.
3) *Chitta* - memoria.
4) *Ahamkara* - ego.

Buddhi, Chitta y *Ahamkara* son los aspectos sutiles de la mente. Estas tres denominaciones tienen como base las funciones llevadas a cabo por la mente.

De la misma manera en que un *Brahmin* es llamado *"pujari"* cuando lleva a cabo un ritual en un templo, "cocinero" cuando trabaja en una cocina, "maestro" cuando enseña a estudiantes y *"panchanga Brahmin"* cuando interpreta el *Panchangam*, la misma mente es llamada por los diferentes nombres de *Manas, Buddhi, Chitta* o *Ahamkara* cuando lleva a cabo estas diferentes funciones.

4. Explique las diferencias entre Manas, Chitta, Buddhi y Ahamkara.

Cuando la mente está ocupada en fluctuantes procesos de pensamiento se la llama *Manas* o mente. Cuando está ocupada en el proceso de indagación o de discriminación entre lo recto y lo erróneo, se la llama *Buddhi* o intelecto.

Cuando la mente funciona como un depósito de recuerdos, se la llama *Chitta*. El *Chitta* guarda las memorias no solamente de esta vida sino también las de nuestras vidas pasadas.

Cuando la mente se identifica con el cuerpo físico y asume la calidad de hacedor respecto de variadas actividades, se le da el nombre de *Ahamkara* o ego.

Aunque sea básicamente una, la mente despliega estas cuatro formas diversas de acuerdo con las diferentes funciones o los papeles que desempeña. La forma en que funciona la mente puede compararse con la actuación de un solo actor.

La misma mente asume diferentes formas e interpreta diferentes roles de acuerdo con las necesidades de diferentes situaciones.

5. *La mente por sí sola es la causa de todas las cosas. Explique.*

Las Escrituras dicen: "*Manomoolam idam Jagat*". Esto significa que todo el Universo no es sino una proyección de la mente.

El hombre recibe su nombre por el hecho que posee una mente. Hombre significa mente y mente significa hombre. "Según piense el hombre eso llegará a ser." Esto es una ley fundamental.

No obstante, la mente no es más que un atado de pensamientos. Se concluye, entonces, que si no tenemos pensamientos, no tenemos mente.

6. *Explique la importancia de los pensamientos para el hombre.*

Los pensamientos son importantes para el hombre, porque hacen que surjan las acciones. Lo que disfrutemos o lo que suframos en este mundo no son sino las consecuencias de las acciones que hayamos llevado a cabo. Cabe concluir, entonces, que nuestra vida será buena sólo si son buenas nuestras acciones.

Los pensamientos son sumamente poderosos. Le sobreviven a la muerte del hombre y son transportados de una vida a la otra. Por ende, es importante que mantengamos alejados de nuestra mente a los malos pensamientos.

7. ¿Por qué es importante que mantengamos alejados de nuestra mente a los malos pensamientos?

Los malos pensamientos separan al hombre del hombre y le hacen olvidar la Divinidad común a todos los hombres.

El hombre deberá combatir a los pensamientos malvados que despierten en su mente y protegerse de los peligros que éstos encierran. El hombre de hoy se ha creado todo tipo de dificultades por causa de sus pensamientos equivocados.

8. ¿Cómo puede contribuir el hombre a la paz del mundo?

El hombre puede contribuir a la paz del mundo expandiendo sus relaciones gradualmente desde el nivel individual al de la familia. De la familia deberá expandirlas a la comunidad. De la comunidad debiera expandir sus relaciones hacia la nación y de la nación al mundo entero.

Tanto la paz del individuo como la del mundo dependen de la mente del hombre. De ahí la importancia de disciplinar la mente.

Cuando el hombre comprenda que el *Atma* en todos es una sola y la misma, no quedará lugar para que hayan diferencias entre uno y otro hombre.

9. ¿Cómo podemos destruir el árbol del Samsara?

Para destruir el árbol del *Samsara* (el interminable ciclo de nacimientos y muertes), habremos de descubrir ante todo cuál es la raíz de este árbol.

La raíz del árbol del *Samsara* es la mente. Para destruir el árbol deberemos, por lo tanto, golpear con el hacha en su raíz misma. En otras palabras, la mente es la que deberá ser destruida. ¿Cómo podemos destruir a la mente? Podemos hacerlo desviando nuestros pensamientos hacia la indagación acerca del *Atma*: el Sí Mismo real o el "Yo real".

10. ¿Cuáles son los diferentes colores atribuidos a las diversas naturalezas de la mente?

Los colores que se le atribuyen a las diferentes naturalezas de la mente son los siguientes:

1) una mente llena de ira es de color rojo;
2) una mente egoísta es de color café-trigo;
3) una mente egótica es de color naranja;
4) una mente dedicada a Dios es de color blanco puro.

11. ¿Cuál es la causa base para el temor en el hombre?

La causa básica para el temor difundido en el hombre es la ausencia de pensamientos puros y sacros en su mente.

Todo el mundo sufre hoy del flagelo del temor. Ya sea en sus hogares, afuera en las calles, viajando en un tren, un bus o un avión, las gentes son acosadas por el temor. Todo el mundo parece un laberinto lleno de temor en cada recodo.

La tragedia de *Abhimanyu*, el hijo de *Arjuna* y héroe de la guerra del *Mahabharata*, era que supo cómo entrar en el laberinto llamado *Padmavyuha*, pero no supo cómo salir.

Sabremos cómo salirnos de nuestros placeres mundanos únicamente cuando sometamos nuestros pensamientos al escrutinio del *Buddhi*, el intelecto.

12. ¿Con qué se comparan el cuerpo, los sentidos, la mente y el intelecto en la Katha Upanishad?

En la *Katha Upanishad:*

1) el cuerpo se compara con un carro;
2) los sentidos se comparan con los caballos;
3) la mente se compara con las riendas, y
4) el intelecto se compara con el auriga.

Esto significa que la mente se ubica entre los sentidos y el intelecto y, con ello, que si sigue los gustos y caprichos de los sentidos, se convertirá en esclava de ellos e interminables pesares y sufrimientos la harán su víctima.

13. ¿Qué diferencia hay entre el Pravritthi Marga y el Nivritthi Marga?

Pravritthi Marga es darle rienda suelta a los sentidos; es la senda externa. *Nivritthi Marga* es controlar los sentidos; la senda interna.

La mayoría de las personas se contenta con seguir la senda externa. Sólo unas pocas tienen el valor como para seguir la senda interna del *Nivritthi Marga.*

14. ¿Qué lección deberíamos aprender de la conducta de Kauravas y Pandavas?

Los perversos *Kauravas* dirigidos por *Duryodhana* y *Dussasana*, sometieron a innumerables penurias a los virtuosos *Pandavas.* ¿Cuál fue el resultado final de todo esto? Aunque los *Pandavas* sufrieron por un tiempo, los *Kauravas* fueron totalmente destruidos.

Muchas gentes emplean hoy en día sus pensamientos y esfuerzos en perjudicar a otros. No se dan cuenta que el daño que le hacen a otros se volverá sobre ellos mismos. Los estudiantes deben aprender a no criticar ni condenar a otros. Su máxima debiera ser la de: "Nunca hieras. Ayuda siempre".

15. ¿Por qué habrían de seguir escrupulosamente esta máxima?

Los estudiantes nunca deben pensar en herir a otros. Nunca deberán criticar ni condenar a otros.

Si engañaran a sus amigos, sus amigos, a su vez, los engañarán a ellos. Si desobedecieran a sus padres, sus hijos, a su vez, los desobedecerán a ellos. En este mismo sentido, si hirieran a otros, otros los herirán a ellos a su vez.

Este tipo de reacción o de represalia es inherente a la mente del hombre.

16. ¿Quiénes son los que podrían ser clasificados como pertenecientes a la más baja categoría de hombres?

La más baja categoría de hombres es aquella de los que derivan un placer sádico del herir a otros, sin la más leve provocación.

Estas gentes pueden compararse con las polillas cuya naturaleza las lleva a dañar toda la ropa indiscriminadamente, ya sean valiosos saris o trapos sucios.

Esta en verdad muy despreciable tendencia puede retrasarse hasta los malos pensamientos que despiertan en sus mentes. Los malos pensamientos pueden degradar al hombre hasta el nivel de las bestias.

17. ¿Cómo podemos liberarnos de los malos pensamientos que despiertan en nosotros?

Tal como disipamos los malos olores con barritas de incienso o desodorantes, deberemos contrarrestar los malos pensamientos con otros buenos. Los buenos pensamientos nos llevaran a cumplir con nuestra vida, en tanto que los malos nos pueden degradar a niveles de bestias. El reemplazo de estos últimos por buenos pensamientos exige un esfuerzo sincero y determinación.

La razón para esto es que la mente es inestable. *Arjuna* se quejaba al Señor *Krishna* de que la mente era:

1) inestable - *Chanchalam*
2) turbulenta - *Pramathi*
3) fuerte - *Balavath*
4) obstinada - *Dridham*.

18. ¿Cómo podemos gozar de paz?

Para gozar de paz tendremos, en primer lugar, que entender que la paz no se encuentra en ningún lugar de afuera. La paz está justamente dentro de nosotros.

Si queremos gozar de paz, debemos recurrir a prácticas: *Abhyasa*. ¿Qué tipo de prácticas debiéramos seguir?

Primero, debemos renunciar a los pensamientos egoístas. Luego debemos dedicarnos de modo persistente en inquirir constantemente acerca de lo que somos realmente.

Debemos repetir "No soy un animal" varias veces. Las gentes de hoy se llaman hombres a sí mismas, pero se comportan como animales. Se nos llama hombres, porque estamos dotados de mente, *Manas*. Para merecer el nombre de hombres debemos moldear nuestra mente para configurarla de manera que le corresponda a un hombre y no a una bestia. Así podremos gozar de paz.

19. "Sólo la mente es responsable de la esclavización o liberación del hombre." Explique.

Las Escrituras han declarado que la mente del hombre es la única responsable ya sea de su esclavización o su liberación.

La mente es el mayor de los presentes de Dios para el hombre. Es la posesión de incalculable valor del hombre. La mente nos lleva hasta la meta suprema de la liberación. Entonces, ¿cómo podemos condenarla como mala?

Sin embargo, podemos usar mal la mente, del mismo modo en que podemos darle un mal uso a un cuchillo afilado. Y no podemos culpar a la mente por eso.

Por ende, el que la mente contribuya a nuestra elevación o nuestro derrumbe, dependerá de cómo la utilicemos.

20. *A menudo se compara a la mente con una gata. Explique.*

Se la compara a menudo con una gata, porque ésta coge suavemente a sus crías con la boca y las lleva de un lugar a otro para asegurarles protección y alimento. En contraste con lo anterior, también usará la boca para cazar a un ratón, matarlo y destrozarlo.

De manera similar, la mente es nuestro benefactor supremo si nos dedicamos a la contemplación de Dios, a los buenos pensamientos, buenas palabras y buenas acciones.

Por otra parte, esa misma mente nos puede significar el desastre y la ruina si tomamos por el camino de la iniquidad o la franca perversidad.

21. *¿Cómo se convirtió el Uno en los muchos?*

En el principio sin principio Dios era Uno. Despertó en El el pensamiento de: "Yo soy Uno. Que me convierta en muchos". Fue así que el Uno llegó a ser los muchos. No obstante y pese a los muchos sigue persistiendo la Unidad, sin que la afecte la diversidad de los muchos.

Solamente nuestros pensamientos serán responsables por ver y experimentar la Unidad en la diversidad o la diversidad en la Unidad. Deberemos regular nuestros pensamientos de manera correcta y ver y experimentar siempre la Unidad en la diversidad.

22. ¿Cómo debiéramos regular nuestros pensamientos?

Debemos regular los pensamientos *(Sankalpas)* de la manera correcta. Tan pronto como surja un pensamiento no deberemos apresurarnos a actuar, sino deberemos someterlo al escrutinio del intelecto *(Buddhi)* y llegar a una decisión correcta. Sólo después de esto habríamos de llevar al pensamiento a la acción.

Hoy en día las gentes viven en el apuro por llevar sus pensamientos a la acción sin someterlos al examen del intelecto.

Solamente las acciones emprendidas después de una deliberación desembocan en la paz. Esta es la razón para la declaración:

"El precipitarse lleva a derrochar. El derroche produce problemas. Por lo tanto, no cedas a la premura".

23. ¿Cómo podemos asegurar la paz en el mundo?

Podemos asegurar la paz en el mundo si aplicamos la siguiente fórmula:

1) Si hay rectitud en el corazón, habrá belleza en el carácter.
2) Si hay belleza en el carácter, habrá armonía en el hogar.
3) Si hay armonía en el hogar, habrá orden en la nación.
4) Si hay orden en la nación, habrá paz en el mundo.

Vemos que el primer eslabón en la cadena que lleva a la paz en el mundo es la rectitud o *Dharma*. *Dharma* es otro nombre para la acción correcta. Mas el requisito para la acción correcta es el pensamiento correcto.

Esto significa que la paz en el mundo comienza por los pensamientos correctos en el individuo y se va expandiendo cada vez más ampliamente, de la familia a la aldea, de la aldea a la nación y de la nación a todo el mundo.

24. ¿Cuál es el significado de los tres "Shanti, Shanti, Shanti" que entonamos después del japa, de bhajans o la meditación?

El significado de entonarlo tres veces es que el hombre necesita de tres clases de paz:

1) *Adhibhoutik* - paz no estorbada por otros seres.
2) *Adhiatmik* - paz no perturbada por el cuerpo y la mente propios.
3) *Adhidaivik* - paz no perturbada por fuerzas más allá del control humano.

De estas tres, *Adhidaivik* significa la necesidad de la Gracia Divina que se puede obtener sólo con la entrega a Dios.

De lo dicho se puede ver que no podemos obtener paz por medio de la mera entonación de *"Shanti, Shanti, Shanti"* con la lengua. La paz sólo se puede lograr con la absoluta entrega a Dios.

25. Explique el concepto de entrega a Dios.

La entrega a Dios no significa el abandono de toda actividad, imaginando neciamente que Dios hará todo lo que sea necesario para nosotros puesto que le hemos entregado todo a El. Esto no será sino crasa pereza.

El método correcto de la entrega es hacer uso de las facultades y energías de que nos ha dotado Dios para llevar a cabo nuestro trabajo legítimo y al mismo tiempo:

1) dedicar todas nuestras actividades al Señor
2) sin la falsa idea de ser los hacedores y
3) sin preocupación excesiva por los resultados de nuestra acción.

26. ¿Qué debemos de hacer para tener buenos pensamientos?

Para tener buenos pensamientos debemos recurrir a la senda espiritual.

27. ¿Cuál es el punto de partida en la senda espiritual?

El punto de partida para la senda espiritual es la compañía de los santos, los virtuosos: *Satsang*.

Debemos evitar escrupulosamente a los malvados y las malas compañías. Los pensamientos son contagiosos. De ahí que exista el dicho: "Dime con quién andas y te diré quién eres".

Sri Shankara declaró: "La compañía de los sabios engendra el desapego. El desapego lleva a la destrucción de la ilusión engañosa. La destrucción de la ilusión engañosa lleva a la adquisición de una serena sabiduría. El logro de una firme sabiduría conduce, finalmente, al *Jivanmukti*: la liberación mientras aún se vive".

28. ¿Cómo debiéramos santificar nuestras vidas?

Debemos santificar nuestras vidas cultivando y desarrollando únicamente pensamientos sacros en nuestra mente. Otros seguirán nuestro ejemplo y serán beneficiados por nosotros si nos convertimos en hombres ideales, al santificar nuestras vidas.

29. "Sólo podemos cosechar lo que sembramos." Explique.

Cuando nacemos, nuestros cuellos no vienen adornados con guirnaldas de flores o con collares de oro, de perlas o de diamantes. Por el contrario, nuestros cuellos llevan una pesada guirnalda invisible que nos ha dado *Brahma*, el Creador. Esta guirnalda está conformada por los frutos de las buenas y malas acciones que hemos llevado a cabo en nuestras vidas pasadas.

Por eso es que hemos de recordar siempre que la mala compañía, los malos pensamientos y los modos sensuales de vida nos llevarán al final a ahogarnos en una desdicha indecible y en la rutina absoluta.

30. *¿Por qué es tan importante para el hombre la virtud de la gratitud?*

Sin un profundo sentimiento de gratitud por cualquier cosa buena que recibamos de alguien, nos degradamos a un nivel incluso inferior que el de los animales.

El hombre nunca piensa en agradecer a Dios por todas las cosas preciosas que le ha otorgado tan benevolentemente. Dios ha colocado al hombre en este vasto y hermoso Universo, con aire puro para respirar, agua clara para beber y la madre tierra en donde vivir.

El hombre no podría vivir ni por un instante sin los cinco grandiosos elementos creados por Dios: tierra, agua, fuego, aire y *akasa*. Por lo tanto, qué mayor pecado podría haber que el olvidarse de ofrecer nuestros agradecimientos al Dios todomisericordioso.

No le pagamos nada a Dios por proveernos de comodidades como el sol que ilumina al mundo entero, la fresca brisa que nos refresca y la lluvia que refresca la tierra y sustenta la vida.

El no expresar nuestras gracias y gratitud a Dios es el *"Tamoguna"*: la inercia que contamina la mente.

Capítulo 7

LOS CAPRICHOS DE LA MENTE

1. ¿Cuál es la facultad que debe utilizar el hombre para lograr la liberación?

Para alcanzar la liberación, el hombre debe utilizar la facultad de la mente. En dondequiera que podamos estar, la mente es lo que más importa. Ni el hogar ni la floresta nos pueden dar liberación.

2. ¿Con qué se puede comparar el Universo?

El Universo se puede comparar con el reflejo de una ciudad en un espejo. Esto nos debiera hacer recordar que el Universo no es más que un reflejo de la Realidad.

3. ¿En dónde existe la totalidad del mundo?

La totalidad del mundo con sus alegrías y pesares, con sus virtudes y sus vicios, con su verdad y su falsedad, con su justicia e injusticia existe tan sólo en la mente.

4. ¿Qué es lo más importante que debe lograr el hombre?

Las cosas más importantes que debe lograr el hombre son:

1) la purificación y
2) el aniquilamiento final del *"Antahkarana"*: el instrumento interno del hombre.

5. ¿De qué se compone el Antahkarana?
Se compone de: 1) *Manas* - mente.
2) *Chitta* - memoria.
3) *Buddhi* - intelecto.
4) *Ahamkara* - ego.

6. ¿Son importantes los Purusharthas para que el hombre alcance la liberación?

Los *Purusharthas* que son el *Dharma, Artha, Kama* y *Moksha*, no son tan importantes para alcanzar la liberación como la purificación y aniquilamiento final del *Antahkarana*.

7. ¿Cómo se llega a contaminar la mente?

La mente es como un espejo limpio. Puede experimentar los objetos sensoriales del mundo externo sólo a través de los órganos sensoriales. Carece de un poder intrínseco de experimentarlos por sí misma. Por ejemplo, no puede ver ni oír por sí misma en forma independiente de los órganos sensoriales.

Lo que contamina a la mente es su asociación con los sentidos desobedientes. Las transgresiones en que incurran los sentidos se reflejan en el espejo de la mente y ésta es la forma en que la contaminan.

8. ¿Cuáles son las tres clases de contaminación que puede sufrir la mente?

De acuerdo con las Escrituras, la mente puede sufrir tres tipos de contaminación:

1) *Mala.*
2) *Vikshepa.*
3) *Avarana.*

9. ¿Qué es Mala?

El espejo de la mente del hombre va acumulando suciedad de la misma manera en que se acumula todos los días el polvo sobre la luna de un espejo. La suciedad la representan las muchas ofensas que, consciente o inconscientemente, comete el hombre, no solamente en esta vida sino también en las anteriores. La impresión de estas ofensas queda marcada en el *Chitta,* uno de los cuatro componentes del *Antahkarana.*

El *Chitta* encierra la memoria total del hombre, no solamente de su vida actual, sino también de todas sus vidas anteriores. Técnicamente, se denomina *Mala* esta suciedad que transporta el *Chitta.* Debido a este *Mala*, el hombre es incapaz de ver con claridad el reflejo de su Sí Mismo real en el espejo de su mente. Para ver al Sí Mismo real, es necesario limpiar al espejo de la mente de las impurezas *(Mala)* que lo cubren.

10. ¿Cómo podemos limpiar del Mala *al espejo de la mente?*

Lo podemos hacer por medio de:

1) la regulación de nuestro alimento
2) la regulación de nuestros hábitos de vida, incluida la recreación.

11. ¿Cómo podemos regular nuestro alimento?

Podemos regularlo evitando estrictamente la ingestión de alimentos impuros y consumiendo sólo alimentos puros.

La pureza del alimento se asegura con:

1) la pureza de los utensilios usados para cocinar - *patrasuddhi*
2) la pureza de los materiales usados para cocinar - *padaartha suddhi*
3) el proceso de cocinar - *paaka suddhi*.

12. ¿Cuál es la causa de las muchas dolencias de que sufre la gente?

Muchas de las dolencias de que sufre la gente son causadas por:

1) el consumo de cosas obtenidas por medios incorrectos
2) la contaminación causada por las malas vibraciones de cocineros de carácter cuestionable.

13. ¿Cómo podemos superar las dificultades prácticas en la obtención de alimento puro para nuestro consumo?

En este mundo actual resulta extremadamente difícil asegurar en todo momento la pureza de nuestros alimentos. Para superar esta dificultad, las Escrituras han sugerido que ofrendemos nuestro alimento a Dios antes de comerlo, considerando al alimento como un don de Dios.

Si comiéramos el alimento sin ofrecérselo primero a Dios, nos veremos afectados por todas las impurezas y defectos presentes en él. Si le ofrecemos a Dios el alimento recitando:

«*Brahmarpanam, Brahma Havir, Brahmaagnau Brahmanaa Hutam, Brahmaiva Tena Gantavyam, Brahma Karma Samaadhinaha. Aham Vaishvaanaro Bhutvaa, Praaninaam Dehamaashritaha, Praanaapaana Samaa Yuktaha, Pachaamy Annam Chatur Vidham.*»

(Gita IV-24), éste se convierte en *Prasadam*, un regalo del Señor.

Como resultado de la recitación del *Brahmarpanam*, quedan eliminadas todas las impurezas del alimento.

14. ¿De qué otra manera somos beneficiados al recitar el Brahmarpanam?

Recitar el *Brahmarpanam* ayuda al proceso de limpiar gradualmente a la mente de las impurezas del *Mala*.

15. ¿Cuál es la respuesta que da el Bhagavad Gita a la interrogante de "Dónde está Dios"?

La respuesta a la interrogante de "Dónde está Dios" se da en el *sloka* 14 del Capítulo XV del *Bhagavad Gita*. Reza como sigue:

Aham vaishwaanaro bhootvaa
Praaninaam deham aashritaha
Praana apaana samaa yuktah
Pachaami annam chaturvidham

Este *sloka* declara que el Señor mora en cada uno de nosotros como *Vaiswaanara*: el fuego digestivo, y digiere los diferentes tipos de alimento que consumimos.

16. ¿Cuánto tiempo puede tomar hasta eliminar por completo al Mala de la mente?

Primero, su eliminación puede lograrse sólo con la práctica constante. No se puede eliminar en un día o en un mes.

Al igual que el oro se funde repetidamente sobre el fuego para eliminar las impurezas, la eliminación del *Mala* requiere de una práctica persistente y prolongada a lo largo de un cierto período de tiempo.

17. ¿Qué es Vikshepa?

V*ikshepa* es la segunda contaminación de la mente.

Vikshepa es el constante balanceo de la mente. Cuando se mueve o se sacude frecuentemente un espejo, también se mueve y se sacude la imagen en él. *Vikshepa* es como esto. Es una caprichosa tendencia de la mente.

18. ¿Cómo controla uno el Vikshepa?

Podemos controlar el *Vikshepa* emprendiendo varias prácticas espirituales como:

1) La meditación.
2) La oración.
3) Práctica de los Nueve Modos de Devoción.

19. ¿Cuáles son los nueve modos de devoción?
Estos son:

1) *Sravanam* - escuchar las historias, *Leelas* y *Mahimas* del Señor.
2) *Kirtanam* - cantar las Glorias del Nombre del Señor.
3) *Smaranam* - el recuerdo del Nombre del Señor.
4) *Pada Sevanam* - el servicio a los Pies del Señor.
5) *Archanam* - la adoración del Señor.
6) *Vandanam* - la salutación al Señor.
7) *Dasyam* - dueño y sirviente: como la relación entre *Sri Rama* y *Hanuman*.
8) *Sakhyam* - el compañerismo del Señor.
9) *Atma Nivedanam* - ofrecerse uno al Señor con total entrega.

20. ¿Cuál es el objeto de la educación?

El objeto de la educación es el de hacer que el estudiante quede capacitado para la vida y no para el propósito de ganarse la vida.

Los estudiantes debieran ser capaces de controlar las veleidades de sus mentes *(vikshepa)* y de limpiarla de impurezas *(mala)*. De otro modo la futura administración y la política de este país se tornarán deplorablemente impuras y corruptas.

21. ¿Cómo pueden adquirir estabilidad mental los estudiantes?

Para lograr la estabilidad mental, deberían:

1) someter al cuerpo
2) reformar los sentidos
3) terminar con la mente.

Este es el proceso para alcanzar la inmortalidad. La firmeza de la mente es requisito previo para la concentración. Los estudiantes deberán mantener sus cuerpos, sentidos y mentes bajo control.

22. ¿Por qué está desgarrado el país hoy en día por conflictos, indisciplina, violencia y caos?

Los conflictos, la indisciplina, la violencia y el caos desgarran hoy al país, porque todos, tanto jóvenes como viejos, están sólo preocupados de las cosas materiales externas e ignoran por completo la vida espiritual.

23. ¿Qué anda mal hoy en día con el sistema educacional y con las personas educadas?

Todo el sistema educacional está infectado de egoísmo.

Las personas educadas sólo ansían amasar riquezas con rapidez y por cualquier medio, bueno o turbio.

La motivación del egoísmo es lo que impulsa a muchos estudiantes a viajar al extranjero para hacerse de dinero llevados por el egoísmo, sin consideración alguna por sus padres ni su patria. Tales intelectuales egocéntricos debieran recordar la declaración de las Escrituras en cuanto a que "La madre de uno y la patria de uno son muy superiores incluso al cielo".

24. ¿Cuál es el deber primordial de los estudiantes?

El deber primordial de los estudiantes es el de mostrarle su gratitud a sus padres a los que le deben todo, incluidos alimento, sangre y cabeza. Deben cuidar de ellos, en especial durante la vejez.

Los estudiantes deberán desechar su obsesión respecto de hacer fortuna y darse cuenta de que la real fortuna consiste en llevar una vida virtuosa que vaya aparejada con el amor y el servicio a la tierra donde nacieran.

25. ¿Qué beneficios sacarían al final los estudiantes que cumplan correctamente con su deber?

Si los estudiantes cumplen correctamente con sus deberes y llevan vidas virtuosas, paralelas a su amor y servicio a la patria:

1) sus mentes y corazones se ampliarán y purificarán;
2) sus mentes quedarán automáticamente libres de *Vikshepa*;
3) lograrán el equilibrio y la concentración mentales.

Todos estos beneficios espirituales los lograrán sin necesidad de someterse a ninguna otra disciplina espiritual.

26. ¿Qué es **Avarana**?

Avarana es la tercera distorsión de la mente. El *Avarana* es como un paño que cubriera el espejo de la mente. El *Avarana* no permite reflejo alguno de la imagen del Sí Mismo. El *Avarana* oculta por completo la realidad: el Sí Mismo Divino, y hace que uno se identifique equivocadamente con el cuerpo.

27. ¿Qué es lo que estamos experimentando como el "mundo real"?

Lo que experimentamos como el "mundo real" no es más que la "reacción", la "resonancia" o el "reflejo" de nuestro Sí Mismo Real.

28. ¿De qué se compone el Avarana?

El *Avarana* está conformado por los *Arishdavarga:* la banda de los seis enemigos internos del hombre. Ellos son:

1) *Kama* - deseo
2) *Krodha* - ira
3) *Lobha* - codicia
4) *Moha* - apego
5) *Mada* - orgullo
6) *Matsarya* - celos o envidia.

29. ¿Cuál es el peor de estos seis enemigos internos del hombre?

El peor de los seis enemigos internos del hombre es el orgullo. Hay ocho clases de orgullo o soberbia:

1) el orgullo del dinero
2) el orgullo del saber
3) el orgullo de casta
4) el orgullo de la opulencia
5) el orgullo de la belleza
6) el orgullo de la juventud
7) el orgullo de la posición o la autoridad
8) el orgullo espiritual o de los sacrificios que se hacen.

30. ¿Cómo podemos dominar al orgullo?

Podemos dominarlo si miramos en torno a nosotros. Al mirar alrededor podemos ver que hay muchas otras personas que son superiores a nosotros en cualquiera de los ocho puntos que nos hacen sentir orgullo.

También tenemos que darnos cuenta que el total de los ocho puntos que nos hacen sentir orgullo, son cosas tremendamente transitorias. Si nos damos cuenta de estos hechos, nos libraremos fácilmente de nuestro orgullo.

31. ¿Cuál es el mejor medio para deshacerse del grueso paño del Avarana que oculta el espejo de la mente?

La mejor manera de deshacerse de este *Avarana* es desarrollando amor por Dios.

Debemos recordar que el Amor es Dios. Debemos vivir en el Amor.

32. ¿Cómo podemos realizar a la Realidad única tras la aparente diversidad?

Si vivimos en el Amor, podremos realizar a la Realidad única tras la diversidad aparente. El Amor es el único vínculo que puede unirlo todo.

33. ¿Cómo podemos ver al Atma-Jyoti: la Luz del Sí Mismo Real?

El *Atma* que está dentro de nosotros está cubierta por el cuerpo que tiene nueve agujeros. Estos agujeros son los dos ojos, las orejas, los orificios izquierdo y derecho de la nariz, la boca, el ano y los genitales. Es a través de este cuerpo con nueve agujeros que vemos la multiplicidad y la diversidad del mundo.

Este cuerpo de nueve agujeros lo hemos cubierto con una tela tejida con la trama y la urdimbre del "Yo" y el "Mío". Este "Yo" es el *Ahamkara* y el "Mío" es el *Mamakara*. Cuando eliminamos esta gruesa tela del "Yo" y el "Mío", nos liberamos de la equivocada identificación de nosotros con el cuerpo, el *Avarana* de la mente desaparece y vemos la Luz de nuestro Sí Mismo Real: el *Atma Jyoti*, el *Eka Jyoti*, la única Luz que dispersa la oscuridad de la multiplicidad ilusoria.

34. ¿Qué es lo que constituye el Antahkarana? ¿Cómo percibe el Antahkarana al mundo fenoménico?

El *Antahkarana* percibe el mundo exterior por medio de los cinco órganos sensoriales. Estos órganos sensoriales tienen formas.

El *Antahkarana* es el instrumento interno del hombre y consiste de:

1) la mente - *manas*
2) la memoria - *chitta*
3) el intelecto - *buddhi*
4) el ego - *ahamkara*.

El *Antahkarana* no tiene forma.

35. ¿Cuáles son los defectos del Antahkarana?

El *Antahkarana* está expuesto a sufrir cuatro clases de defectos, que son:

1) *Bhranthi* - ilusión engañosa
2) *Pramaadam* - riesgo o peligro
3) *Karana apaatavam* - debilidad de los instrumentos
4) *Vipralipsa* - celos o envidia.

Estos defectos hacen que funcione mal el *Antahkarana*, el instrumento interno del hombre.

36. ¿Qué es Bhranthi?

Bhranthi es ilusión engañosa. *Bhranthi* es el estado de alucinación de la mente en donde confunde, por ejemplo, una cuerda con una culebra. En otras palabras, toma lo irreal por real, lo real por irreal, lo temporal por permanente y lo permanente por temporal.

37. ¿A dónde nos conduce el Bhranthi?

Esta ilusión engañosa nos conduce invariablemente a tener accidentes o hacia situaciones peligrosas que se denominan *Pramaadam*.

38. ¿En qué resulta Pramaadam?

El resultado de *Pramaadam* es considerar como real al cuerpo, sin darse cuenta que el cuerpo es tan irreal como la burbuja de agua que con absoluta certeza habrá de estallar en cualquier momento o cualquier lugar.

39. ¿Qué poder es el que anima los órganos sensoriales en el hombre?

El poder que anima a los órganos sensoriales en el hombre es el Poder Divino. Las células de la sangre en nuestro cuerpo llevan energía Divina en ellas. Son como las pilas eléctricas en una linterna. Cuando la energía Divina las abandona, las células de la sangre no pueden hacer que funcionen los sentidos. En ausencia del poder Divino, el cuerpo no sólo se vuelve inerte, sino que también se descompone y se pudre.

40. ¿Qué es lo primero que debieran hacer los estudiantes, antes de pensar en reformar a otros?

Antes de pensar en reformar a otros, los estudiantes deben ante todo reformarse a sí mismos. Deberán librarse de su ignorancia y realizar su verdadera naturaleza. En tanto que los estudiantes de hoy día desean aprenderlo todo acerca de todo lo demás, salvo su propia Realidad.

Si los estudiantes no aprendieran acerca de su propia Realidad, su ilusión engañosa, *Bhranthi*, los llevará a caer en el *Pramaadam*, peligro.

41. ¿Cuál es el tercer defecto del Antahkarana?

Su tercer defecto es el *Karana apaatavam*, lo que señala la flaqueza o debilidad en los instrumentos del hombre. Esta debilidad afecta tanto al instrumento interno, el *Antahkarana* como a los externos: los órganos sensoriales.

42. Ilustre por medio de una pequeña historia la debilidad del Antahkarana.

En una aldea había un campesino rico que también era el líder en ella. Había en esta aldea otro campesino de situación mediana.

Un buen día, un toro perteneciente al rico y otro toro perteneciente al mediano, se trabaron inesperadamente en una lucha a muerte. El toro del campesino rico murió debido a las heridas recibidas. El campesino mediano corrió donde el rico temblando de miedo y, en su estado de confusión mental, relató lo contrario de lo sucedido, vale decir que el toro del rico le había dado muerte al suyo.

El campesino rico lo consoló y le dijo que eran cosas que sucedían, simplemente, y que no había nada que él (el rico) pudiera hacer para ayudarle.

En este punto, el campesino mediano se dio cuenta de que había contado lo contrario de lo sucedido. Procedió a presentar sus excusas y le informó al rico de los hechos, tal como habían sido. Al oírlo, el rico se puso fuera de sí de ira. Insultó al campesino mediano en términos muy duros y le exigió el pago de quinientas rupias como compensación por el toro muerto.

Esta historia ilustra que el *Karana apaatavam* del *Anthahkarana* del hombre rico era débil como lo demuestra la inconsistencia de su conducta. Esta inconsistencia estribaba en su sentimiento de "Yo" y "Mío" con referencia al campesino más pobre.

43. Dé algunos ejemplos del Karana apaatavam con referencia a los órganos sensoriales.

Los órganos sensoriales son los instrumentos externos del hombre.

Cuando una persona sufre de malaria, hasta el más exquisito de los dulces le sabrá amargo. Esto se deberá a la condición enferma de la lengua y no a algún defecto del dulce.

De manera similar, un ojo ictérico verá todo amarillento, sin que importe que el color sea blanco, rojo o negro.

Las dolencias de los instrumentos externos producen un efecto adverso sobre los instrumentos internos, debido a su estrecha interrelación.

El efecto neto del *Karana apaatavam* en general es el de socavar el *Maanavatwa,* la naturaleza humana.

44. ¿Cuál es la cuarta deficiencia del Antahkarana?

Esta cuarta deficiencia es el *Vipralipsa. Vipralipsa* significa celos o envidia. Es uno de los peores defectos del hombre. Alguien que sufra de *Vipralipsa* es incapaz de soportar o tolerar la prosperidad o la felicidad de otros.

Por eso, los estudiantes no le deben dejar sitio a la envidia. Deben desarrollar sentimientos fraternales para con sus compañeros. Deben regocijarse con los logros de sus compañeros, sin sentimiento alguno de envidia. Sólo así se librarán de la envidia o los celos y estarán libres del *Vipralipsa.*

45. Dé un ejemplo de estudiantes que demuestren Vipralipsa.

Estudiantes físicamente aptos que pugnan por tomar la delantera en las paradas de buses y se apresuran en ocupar los primeros asientos, incluso haciendo a un lado a mujeres y niños y personas mayores que han estado parados con ellos en la cola. En realidad, lo que debieran hacer es darle la preferencia a esas personas. Incluso si no alcanzaran a subir al bus debido a que han dejado subir a los mayores y a los niños antes de hacerlo ellos, tienen la capacidad como para caminar dos o tres kilómetros.

Con esto logran un doble beneficio. Ahorrarán el dinero del pasaje y le darán al cuerpo un ejercicio que le es necesario.

46. ¿Qué hemos de hacer para alcanzar la pureza en el pensamiento, la palabra y el acto?

Todo lo que debemos hacer para alcanzar pureza de pensamiento, palabra y acción es practicar los siguientes Cinco Mandamientos como si fueran nuestro aliento de vida mismo:

No pienses lo malo	Piensa lo que es bueno
No veas lo malo	Ve lo que es bueno
No oigas lo malo	Oye lo que es bueno
No digas lo malo	Di lo que es bueno
No hagas lo malo	Haz lo que es bueno

47. ¿Qué lograremos si practicamos estos Cinco Mandamientos?

Si los practicamos como si fueran nuestra respiración, seremos capaces de superar los cuatro defectos del *Antahkarana*.

También lograremos la pureza mental así como la pureza de los tres restantes componentes del *Antahkarana*, es decir del *Chitta*, el *Buddhi* y el *Ahamkara*.

Esto nos ayudará a experimentar una dicha inefable.

48. ¿Cuál es el momento más oportuno para que alcancemos la Gracia de Dios?

La época más oportuna para alcanzar la Gracia de Dios es cuando poseemos el vigor y la vitalidad de la juventud.

Por ende, mientras somos jóvenes debemos cultivar:

1) el control del cuerpo
2) el control de los sentidos
3) el control de *Antahkarana*.

Si los estudiantes logran en abundancia la Gracia de Dios ahora, ello les será de gran provecho en el futuro. Tendrán un futuro seguro, luminoso y próspero.

En la misma forma en que se almacena el agua en estanques durante la estación de las lluvias y se emplea más adelante, en el verano, para irrigar las tierras agrícolas, los estudiantes debieran cultivar el control del cuerpo, los sentidos y el *Antahkarana* mientras estén jóvenes. Estas virtudes les reportarán beneficios en años posteriores.

49. ¿Olvida o abandona Dios alguna vez a Sus devotos?

Dios jamás olvida a Sus devotos. Son los devotos los que olvidan a Dios.

Dios jamás abandona a Sus devotos. Son los devotos los que abandonan a Dios.

50. ¿Cuál es la más importante de las vestiduras que lleva el hombre?

De las cuatro vestiduras que cubren al hombre, vale decir el cuerpo, los sentidos, la mente y el intelecto, la más importante es el intelecto.

El intelecto es como un estanque de agua. El cuerpo, los sentidos y la mente son como los grifos. Como sea el agua en el estanque (intelecto) será la de los grifos.

Es por ello que el intelecto o *Buddhi* es la más importante de las vestiduras que lleva el hombre.

Capítulo 8

BUDDHI EL AURIGA

1. *¿Cuál es el camino hacia el progreso espiritual?*

El camino hacia el progreso espiritual es la pureza de la mente.

2. *¿Qué nos hace recordar la tradicional figura de los tres monos?*

Este grupo de tres monos nos recuerda que debemos:

1) no ver lo malo
2) no decir lo malo
3) no oír lo malo.

En la primera de las figuritas, el mono se cubre los ojos con las manos, en la segunda, se cubre la boca con las manos y en la tercera, se cubre las orejas.

3. *¿Con qué comparan las* Upanishads *al cuerpo, los sentidos, la mente y el intelecto?*

En las *Upanishads*, el cuerpo humano se compara con un carro, los cinco sentidos con los caballos, la mente con las riendas y el intelecto *(Buddhi)* con el auriga.

Sin el auriga el carro no puede funcionar.

4. Explique la importancia del Buddhi para el hombre.

El *Buddhi* o intelecto tiene la capacidad de tomar decisiones: *Nischayatmika Buddhi*. Sin la intervención del *Buddhi* no podríamos resolver ninguno de los problemas que surjan en nuestra vida.

El *Bhagavad Gita* dice que el *Buddhi* puede captar aquello que está más allá del alcance de los sentidos: *"Buddhi grahayam athindriyam"*.

De ahí que sea de importancia suprema para el hombre.

5. ¿Cuáles son los dos mantras en el Bhagavad Gita entre los cuales debiera fluir el río de la vida?

Estos *mantras* del *Bhagavad Gita* entre los que debe correr el río de la vida son:

1) *"sraddhavaan labathe jñanam"*:
 el hombre de fe adquiere sabiduría suprema

2) *"samsayaatma vinasyati"*:
 el hombre lleno de dudas perecerá

En ausencia de estas dos riberas, el río de la vida estaría sujeto a muchos problemas, dificultades y peligros.

Cuando fluye entre ellas, el río de la vida será bendecido con paz y felicidad, para llegar al final al mar de la Gracia Divina que es su meta.

6. Explique el significado de la palabra Antarvaani.

Antarvaani significa "la voz interior" o la conciencia del hombre. Es otro nombre para el intelecto o *Buddhi*.

Cuando un hombre dice: "Mi conciencia no aprueba mi acción", significa que no ha actuado de acuerdo con los dictados de su conciencia, la que es su "voz interior" o *Antarvaani*.

Cuando surge un problema, esperamos las directivas de la voz interior. Si no se recibe una respuesta satisfactoria de esta voz interior, el hombre no encontrará satisfacción en la vida.

En la exhortación de "Sigue al Maestro", Maestro se refiere al *Antarvaani*, la voz interior. Sólo cuando seguimos los dictados de la voz interior o la conciencia podremos llegar en nuestra vida al destino correcto.

7. *Explique la diferencia entre* **Buddhi** *y* **Vijñana**.

El *Buddhi* se ocupa del ámbito sutil del mundo interior. *Vijñana* significa conocimiento científico o mundano que ayuda al hombre a descubrir hechos acerca del mundo objetivo o fenoménico.

8. *Explique por qué es incapaz el hombre de experimentar la dicha del* **Atma** *o el Sí Mismo*.

El hombre es incapaz de experimentar la dicha del *Atma* o el Sí Mismo, debido a que es incapaz de trascender su *Ahamkara*.

El *Ahamkara* es más sutil que el *Buddhi*. El *Ahamkara* lo penetra todo e impregna todas nuestras acciones. Es por eso que el hombre no puede trascender a su *Ahamkara* que tiene el poder de envolver a su *Buddhi*.

9. *Explique cómo puede alcanzarse la liberación*.

Para alcanzar la liberación o para realizar el *Atma*, debe ser eliminado el *Ahamkara*, el "Yo" o el ego.

El *Ahamkara* del hombre vela a su *Buddhi* y esto lleva al hombre a identificar al Sí Mismo o *Atma* con su cuerpo. Es por eso que si uno se libera del "Yo" o *Ahamkara*, desaparece la identificación con el cuerpo y puede alcanzarse la liberación.

10. ¿Cómo fluye hacia el cuerpo el poder del Atma?

El poder del *Atma* fluye hacia el cuerpo por etapas. El *Buddhi* que es el más cercano al *Atma*, recibe el 90% de su energía e iluminación. La mente deriva su poder del *Buddhi*, los sentidos lo hacen de la mente y el cuerpo, a su vez, de los sentidos.

Se produce una disminución tanto cuantitativa como cualitativa en el flujo de poder desde el *Atma* hasta el cuerpo. Es así que la pureza del *Atma* se va contaminando gradualmente al pasar por el *Buddhi*, la mente, los sentidos, para llegar finalmente al cuerpo.

11. ¿Cómo podemos minimizar esta disminución del poder del Atma en su paso hasta llegar al cuerpo?

Podemos minimizar esta disminución o deterioro tanto cuantitativo como cualitativo del poder *Atmico*, santificando y purificando al *Buddhi*.

Al hacerlo, facilitamos la influencia directa del *Buddhi* sobre el cuerpo.

12. ¿Cómo se describe al Buddhi en la Taithiriya Upanishad?

La *Taithiriya Upanishad* describe al *Buddhi* como un pájaro. Las diferentes partes del pájaro *Buddhi* son las siguientes:

Cabeza	*Sraddha* (fervor y fe)
Ala derecha	*Ritam* (ritmo cósmico)
Ala izquierda	*Sathyam* (Verdad)
Cuerpo	*Mahat Tatwa* (el Gran Principio)
Cola	*Yoga* (control de la mente y los sentidos)

Por lo tanto, el *Buddhi* se compone de cinco constituyentes y eso lo hace muy poderoso.

13. ¿Es suficiente el Medha *(talento e ingenio)* para que el hombre lleve a cabo grandes cosas en su vida?

El *Medha* no es suficiente para que el hombre llegue a grandes logros en su vida.

El hombre requerirá de *Sraddha* (fervor y fe) y de *Sthirathwa* (estabilidad y firme determinación) para lograr grandes cosas y llevar una vida con propósito.

Sin *Sraddha* el hombre nada puede lograr.

14. ¿Cuál es la diferencia entre Ciencia y Espiritualidad?

La diferencia entre Ciencia y Espiritualidad puede hacerse resaltar vívidamente por medio de dos simples ecuaciones:

Espíritu de amor	=	Espiritualidad
División del amor	=	Ciencia

Los avances de la ciencia y la tecnología han convertido al hombre en un amante de la comodidad y lo fácil, sin interés alguno por el trabajo duro.

El hombre no presta atención alguna al amor y al avance espiritual. En cuanto a la ciencia, es su uso impropio lo que ha llevado al hombre por mal camino.

15. ¿Qué debiéramos hacer si queremos una felicidad permanente?

Si queremos una felicidad permanente debemos purificar el *Antahkarana* y desarrollar el amor universal, siguiendo la senda espiritual.

No podemos esperar una felicidad permanente de las comodidades que nos ofrecen la ciencia y la tecnología, porque tanto el cuerpo que disfruta como los objetos que nos dan placer, son todos transitorios e impermanentes.

16. Explique la inmensa importancia del alimento y la bebida en la configuración y desarrollo de la personalidad humana.

El alimento que consume el hombre es lo que provee la fuente del origen, el sustento y el desarrollo de su mente.

Después de la digestión, la parte más basta del alimento es eliminada como excretas. La parte sutil se convierte en sangre y carne.

La parte más sutil del alimento asume la forma de la mente. Por ende, la naturaleza de nuestra mente depende de la calidad y la cantidad del alimento que consumamos.

El *Annamaya kosha:* el cuerpo denso o envoltura alimentaria deriva principalmente del alimento.

El *Pranamaya kosha:* la envoltura vital deriva de la parte sutil del agua que bebemos. La parte más basta del agua se elimina como orina.

El *Annamaya kosha* y el *Pranamaya kosha,* vale decir las envolturas alimentaria y vital respectivamente, son las que proveen la base para las restantes envolturas del hombre. Estas son tres:

El *Manomaya kosha* : la envoltura mental
El *Vijñanamaya kosha* : la envoltura intelectual
El *Anandamaya kosha* : la envoltura de dicha

Esto demuestra la primordial importancia del alimento y la bebida para moldear y desarrollar la personalidad humana.

17. ¿Cuál es el significado correcto de la palabra Ahamkara? ¿Cómo se la podría distinguir del ego?

El significado correcto de la palabra *Ahamkara* es la errónea identificación de uno mismo con el cuerpo.

La palabra sánscrita *Ahamkara* se traduce a menudo como Ego a otros idiomas. El término Ego se utiliza para significar autoestima u orgullo derivado de una de las ocho clases de orgullo.

Puede que no todos caigan como víctimas de la autoestima o el orgullo, pero no hay nadie que no sea una víctima de considerarse a sí mismo como el propio cuerpo.

Es este *Ahamkara* el que vela al *Buddhi* y nos desvía por la senda errónea. Por ello debiéramos comenzar por eliminar este *Ahamkara* si queremos que el *Buddhi* desarrolle *Sraddha*.

18. *¿Cuál es la diferencia entre* **Sathyam** *y* **Ritam***?*

Sathyam tiene que ver más con el mundo externo, en tanto que *Ritam* se refiere más al mundo interno de la mente y sus modificaciones.

Sathyam concierne a la unidad y la armonía entre palabra y acción, en tanto que *Ritam* tiene una connotación más amplia y atañe a la pureza, la armonía y la unidad de los *Trikaranas*: pensamiento, palabra y acción.

Sathyam trasciende al tiempo: al pasado, presente y futuro, en tanto que *Ritam* trasciende tanto al tiempo como al espacio.

En el *Vedanta*, no obstante, se han usado *Ritam* y *Sathyam* como sinónimos.

19. *¿Qué significa el* **Mahat Tatwa***, el cuerpo del pájaro* **Buddhi***?*

Mahat Tatwa significa la gran declaración *Upanishádica* o *Mahavaakya*: *Tat Twam Asi* = Eso Eres Tú.

Este Eso Eres Tú es experimentarse uno mismo como *Sat-Chit-Ananda* = Existencia-Conciencia-Dicha.

20. ¿Cuál es la diferencia entre Buddhi y Medha Sakthi?

El *Medha Sakthi* corresponde al *Maya Sakthi*, el poder divino de la ilusión engañosa o el poder del conocimiento mundano.

El *Buddhi* conformado por el *Sraddha*, el *Ritam*, el *Sathyam*, el *Mahat Tatwa* y el *Yoga*, puede ser considerado como la resonancia, reflejo y reacción del *Atma*.

21. ¿Cómo aconsejan los Avatares?

Los Avatares rara vez dan consejos en forma directa. Comunican cualquier cosa que deseen comunicar mediante sugerencias indirectas. Sólo en raras oportunidades usan el método de instrucción directa para comunicarse. La razón reside en que hay una divinidad inherente en el hombre, la cual se manifestará si se le proveen facilidades apropiadas para que se exprese su potencialidad.

Al hombre se le debe permitir que se corrija por sus propios esfuerzos, sobre la base de las oportunas sugerencias que se le den.

La mejor máxima en cuanto a brindar ayuda a las personas en el campo espiritual e incluso en asuntos del mundo, es: "Ayúdales a ayudarse a sí mismos" o "La autoayuda es la mejor ayuda".

22. ¿Cuál fue el upadesh *que le diera* Sri Rama *a* Kaikei *cuando El retornara a* Ayodhya *después de completar catorce años de exilio?*

Sri Rama le pidió a *Kaikei* que prestara oídos a los balidos de las ovejas que pastaban en las cercanías del río *Sarayu. Kaikei* creyó escuchar que las ovejas decían "Mee, Mee". *Sri Rama* le dijo que este "Mee, Mee" significaba "¿Quién soy yo? ¿Quién soy yo?". Le señaló que si hasta las ovejas estaban preocupadas por esta pregunta, cuanto más debía planteársela el hombre. De lo contrario sería mucho menos que una oveja.

23. ¿Cuál es la pregunta más importante que debiéramos tratar de responder primero?

La más importante de las preguntas para la que primero debiéramos encontrar la respuesta es "¿Quién soy yo?". Sin saber quiénes somos, no tiene sentido alguno el tratar de saberlo todo acerca de los demás.

24. ¿Qué fue lo que preguntamos al nacer y qué debiéramos afirmar cuando muramos?

Al nacer gritamos: "¿*Koham*? = ¿Quién soy yo?".

Cuando morimos no debiéramos morir con la misma pregunta en los labios. Debiéramos ser capaces de afirmar alegremente: *So-Ham* = Yo soy Eso o El.

25. ¿Cuál es el símbolo de que una persona ha cumplido el propósito de la vida humana?

El propósito de la vida humana habrá sido logrado cuando el hombre haya completado la realización del *mantra So-Ham*: Yo soy Eso o El.

26. ¿Cuál es la única forma de librarse del **Ahamkara**?

La única forma de lograrlo es llevar la vida virtuosa que lleva a Dios.

27. ¿Cómo podemos desembarazarnos del sentir del ego "Yo soy el cuerpo"?

Cada vez que nos percatemos del sentir del ego o del sentimiento de "yo soy el cuerpo", debiéramos sentarnos en silencio y observar lo que nos está diciendo nuestra respiración.

Nos daremos cuenta que nuestra respiración nos está diciendo *"SO"* al inhalar y *"HAM"* al exhalar.

Estas sílabas que constituyen la palabra *So-Ham* transmiten el significado de "Yo soy *Brahman*". Si meditamos constantemente en este *mantra*, dejará de molestarnos el sentir del Ego caracterizado por la idea de "yo soy el cuerpo".

Este *mantra* del *So-Ham* se repite 21.600 veces al día junto con nuestra respiración. "Yo soy *Brahman*" es el significado de nuestra voz interior en todo momento.

28. ¿Por qué somos incapaces de lograr algún progreso espiritual, aunque nos dediquemos por largo tiempo a las prácticas espirituales?

Somos incapaces de lograr progresos espirituales, porque continuamos identificándonos con los nombres temporales y artificiales dados a nuestros cuerpos: nombres como *Ramiah, Krishniah,* etc. Seguimos siendo lo que hemos sido según los nombres dados a nuestros cuerpos y nos identificamos con nuestros cuerpos, pese a todas las prácticas espirituales que llevamos a cabo.

Es por ello que no logramos ningún progreso. Lo lograremos únicamente cuando renunciemos a la identificación con nuestros cuerpos y comprendamos que *So-Ham* o "Yo soy *Brahman*" es nuestro nombre natural y permanente.

29. ¿Qué experimentaremos al comprender que So-Ham *es nuestro nombre permanente y real?*

Cuando comprendamos que *So-Ham* es nuestro nombre permanente y real, experimentaremos la dicha de *Sat-Chit-Ananda*: Existencia-Conciencia-Bienaventuranza.

30. ¿De qué modo es conocido el Señor Krishna?

El Señor *Krishna* es conocido como *Partha-Sarathi:* el auriga de *Partha*.

Partha no solamente se refiere a *Arjuna*, sino que se aplica a todos los hijos de *Prithvi*, la Tierra, es decir a todos nosotros.

Por ello debiéramos hacer al Señor *Krishna* nuestro Auriga en el trayecto hacia realizar el *Atma*. Puesto que el *Buddhi* es un reflejo del *Atma* Divino, debemos hacer uso de él en cuanto auriga en este viaje hacia el *Atma*.

31. ¿Qué es lo esencial para el éxito en cada empresa?

Para lograr el éxito en cualquier empresa, lo esencia es el *Prema*, el Amor Universal.

El Señor es la encarnación del Amor: el Sol de la Verdad.

Por lo tanto, a través del Amor, debemos tratar de conocer nuestro verdadero Sí Mismo con la ayuda del *Buddhi*, y purificar nuestras mentes.

Esto es lo que Swami espera de nosotros.

Capítulo 9

EL EGOISMO Y EL APEGO

1. ¿Cuál es el mantra que es aplicable para toda persona?

El *mantra* que todos pueden emplear es:

Yo soy *Sathyam Shivam Sundaram* (Verdad, Bondad, Belleza)

la encarnación de *Sat-Chit-Ananda* (Ser, Conciencia, Dicha).

2. ¿En qué está incesantemente, de día y de noche, empeñado el hombre?

El hombre se empeña incesantemente en:

1) lograr la felicidad
2) eliminar el sufrimiento.

3. ¿Cuál es el significado interno de la perenne búsqueda de la felicidad del hombre?

El significado interno de esta perenne búsqueda de felicidad reside en que la naturaleza misma del hombre es dicha. El es la encarnación de la felicidad. Si un hombre se siente feliz es simplemente porque se trata de su condición natural.

4. ¿De qué facultades ha sido dotado el hombre para experimentar su estado natural de dicha?

Para experimentar este estado ha sido dotado del cuerpo, los sentidos, la mente y el intelecto.

5. ¿Por qué está el hombre sumido en la desdicha?

Está sumido en la desdicha porque las facultades que Dios le diera como regalo, vale decir el cuerpo, los sentidos, la mente y el intelecto, han sido contaminadas y mal empleadas por él mismo.

6. ¿En qué forma son contaminadas y mal usadas las facultades de que ha sido dotado el hombre?

El cuerpo del hombre está manchado con la suciedad de *Raga* (apego) y *Dwesha* (odio). Los sentidos están recubiertos por la sucia tela de los deseos y los placeres sensoriales.

7. ¿Por qué el hombre está contaminando y dándole un mal uso a las facultades que Dios le ha dado?

Las usa mal y las contamina, porque actúa bajo la errónea creencia de que los placeres mundanos resultan tanto seguros como naturales para él. No se da cuenta de que estos placeres son tan transitorios y efímeros como nubes pasajeras.

8. ¿Qué consecuencia tiene el hecho de que el hombre contamine las facultades que Dios le dio?

La consecuencia de esta contaminación de sus facultades es que resulta incapaz de reconocer su verdadera naturaleza Divina.

9. ¿Cuál es la manera simple y sagrada de purificar nuestro alimento antes de consumirlo?

La manera sagrada y simple de purificar el alimento antes de comer es salpicar algo de agua sobre la comida y entonar el siguiente *mantra*:

Annam Brahma, Raso Vishnuhu, Bhokta Maheswaraha.

Esto significa que el alimento sólido es *Brahma*, el agua es *Vishnu* y el que disfruta del alimento es *Maheswara*.

10. ¿Cuál es la importancia de la oración que le recitamos a la Trinidad antes de comer?

El consumidor del alimento ruega a la Trinidad que lo proteja con *Sathyam* y *Ritam* y le otorgue el *Trikarana suddhi* = la triple pureza de pensamiento, palabra y acción.

11. ¿Qué beneficio proporciona entonar el mantra antes de comer?

El beneficio que proporciona entonar el *mantra* antes de consumir el alimento, es que con ello se lo santifica como *Prasadam*.

12. ¿Cuál fue el tema principal del debate entre Sankaracharya con Mandana Mishra?

El debate que sostuvo *Sankaracharya* con el erudito intelectual *Mandana Mishra* se centró en el tema de *Medha Sakthi* o destreza intelectual.

13. ¿Quién fue el árbitro en este debate y cuáles eran sus calificaciones?

El árbitro en el debate fue *Ubhaya Bharati*, la mujer de *Mandana Mishra*. Ella no era solamente una distinguida y docta dama, sino que poseía las divinas cualidades de un corazón puro y un *Buddhi* enriquecido con *Sathyam, Ritam, Sraddha* y *Stirathwa*: constancia, ritmo cósmico, fervor o fe y firmeza, respectivamente. El *Buddhi* de *Ubhaya Bharati,* dotado de poder de discriminación y objetividad, era superior a la simple habilidad intelectual que se denomina *Medhas.*

14. ¿Cuál fue el resultado del debate entre Sankaracharya y Mandana Mishra?

Ubhaya Bharati declaró que *Sankaracharya* había ganado el debate. Según lo convenido antes del debate, *Mandana Mishra* se convirtió en un *Sannayasi* y en discípulo de *Sankaracharya. Ubhaya Bharati* también se hizo *Sannayasini*, en conformidad con los ideales de las cualidades femeninas según los cuales la mujer ha de seguir al marido en las buenas y en las malas.

15. ¿Por qué es más poderoso el Buddhi que el Medhas?

Es más poderoso que *Medhas*, porque *Buddhi* no es mero intelectualismo como se lo entiende comúnmente. Constituye un sereno estado del intelecto, dotado de *Sraddha* (fervor o fe) y *Stirathwa* (firmeza o perseverancia).

Este *Buddhi* es el intelecto enriquecido por *Ritam* y *Sathyam* así como por *Yoga* y *Mahat Tatwa*. Este *Buddhi* no posee únicamente la capacidad de deliberación y de discriminación, sino también el poder de la profunda intuición, indagación y del juicio imparcial.

16. Describa el incidente entre Ubhaya Bharati y el asceta con el jarro de agua vacío.

Ubhaya Bharati iba hacia el río un día, acompañada de sus discípulas, para bañarse. Vio a un asceta que dormía con una calabaza aguatera vacía que se había puesto bajo la cabeza para que no se la robaran.

Le indicó a sus discípulas que el asceta no había renunciado aún al apego a ese jarro de agua sin valor.

Cuando *Ubhaya Bharati* volvía de su baño, el asceta tiró la calabaza a los pies ella para probar su sentido de renunciación. Ella comentó entonces que el hombre no sólo estaba lleno de *Abhimana* (apego), sino también de *Ahamkara* (egotismo).

El asceta comprendió la verdad de sus declaraciones y cayó a sus pies, pidiendo ser perdonado por sus debilidades.

17. ¿Cuáles son las causas fundamentales de la esclavitud del hombre?

Ellas son *Abhimana* o *Mamakara*: apego o el posesivo sentido de "lo mío", y el *Ahamkara* o ego exacerbado.

18. ¿Cuál es la causa del Ahamkara y del Mamakara?

Ambos son resultado de ingerir alimentos impropios. Por alimento impropio debe entenderse, ya sea un tipo nocivo de alimento, ya sea el que se adquiere por medios sucios.

19. ¿Cuál será el resultado de consumir este tipo de alimentos?

El alimento no adecuado, ya sea nocivo o malamente adquirido, sumirá al hombre en la ignorancia de varias maneras, y evitará que surjan en él los pensamientos puros. Un hombre así se olvidará de lo que tenga que decir, con quién, cuándo, dónde y cómo hablar.

20. Ilustre el papel crucial que juega el alimento en la determinación de nuestros pensamientos, palabras y actos, usando a Bhishma como ejemplo.

El noveno día de la guerra de *Kurukshetra, Bhishma* fue herido de gravedad por *Arjuna* y yacía sobre un lecho de flechas, de acuerdo con su propia y seria determinación. Comenzó a exponerle a los *Pandavas* todos los aspectos del *Dharma. Draupadi* se echó a reír entonces y le dijo a *Bhishma* que debería de haberle enseñado el *Dharma* a los perversos y malvados *Kauravas,* en lugar de estar explicándoselo a sus virtuosos y nobles maridos.

Bhishma declaró, entonces, que había servido a los *Kauravas* y vivido gracias a su generosidad. Explicó también que como resultado de haber consumido el alimento recibido de tan crueles y viles personas, su sangre se había contaminado y habían sido suprimidos en él todos los pensamientos puros.

Ahora que las flechas de *Arjuna* habían hecho manar toda su sangre impura, había comenzado a brotar de nuevo el *Dharma* que había estado sepultado en las profundidades de su ser.

Este episodio nos hace entender cuán crucial es el papel que ejerce el alimento en cuanto a determinar los pensamientos, las palabras y los actos de uno.

21. ¿Cuál es el sentido alegórico de la declaración de que Draupadi *vivía armoniosamente con sus cinco maridos*?

El sentido alegórico es que ella aseguraba el equilibrio armonioso entre los cinco aires vitales: los *Pancha Pranas*. La mantención del equilibrio entre los *Pancha Pranas* es requisito previo para llevar una vida equilibrada.

Si uno o más de los cinco aires vitales se excitara más allá del límite óptimo, ello tendría como consecuencia un desequilibrio en la vida como un todo.

22. ¿Cuáles son los Pancha Pranas?
Son los siguientes:
1) *Prana*
2) *Apana*
3) *Vyana*
4) *Udana*
5) *Samana.*

23. ¿Que lección habríamos de aprender del ejemplo de Draupadi?
Deberíamos vivir una vida llena de contento y de armonía. Debemos también quedar satisfechos con comidas simples y puras.

24. ¿Cuáles son las cualidades malas que puede generar en el hombre la comida impura?
El alimento es el principal responsable por nuestros sentimientos de apego y de odio *(Raga* y *Dwesha)* así como del *Ahamkara* y *Mamakara*: los sentimientos de "yo" y "mío". Por lo tanto, la regulación de nuestros hábitos alimentarios es extremadamente importante para el sano funcionamiento de nuestra mente e intelecto.

25. ¿Cuál es el veredicto de las Escrituras en los casos en que un hombre siguiera los dictados de sus sentidos, su mente, su Buddhi (intelecto) o su Atma?
Las Escrituras declaran que:
1) Cuando un hombre sigue los dictados de los sentidos, se convierte en un animal.
2) Cuando un hombre sigue los dictados de su mente, se convierte en un hombre y mantiene su nivel humano.
3) Cuando el hombre sigue los dictados de su *Buddhi*, llega a ser grande entre los hombres.

4) Cuando un hombre es guiado por su *Atma*, llega a ser uno con *Brahman*.

26. ¿Cómo podemos asegurarnos de que la mente se mantenga inmaculada y retenga su prístina pureza?

La mente es pura por sí misma. Se vuelve impura y se contamina al obedecer indiscriminadamente a los sentidos.

Si la mente coloca todo lo que entra a través de los sentidos ante el *Buddhi* para ser examinado, en lugar de aceptarlo indiscriminadamente, y luego actúa de acuerdo con las decisiones del *Buddhi*, se mantendrá sin suciedad y retendrá su pureza original.

27. Explique qué significa la palabra Kshetra.

Kshetra significa campo. El cuerpo, los sentidos, la mente y el *Buddhi* (intelecto) son inanimados y, en su conjunto, constituyen el *Kshetra*. El *Kshetra*, por sí mismo, también es inanimado y es animado por el *Kshetrajna* o conocedor del campo.

28. ¿Qué es lo que gobierna al Kshetra y a todo el Shrishti o creación?

Tanto el *Kshetra* como todo el *Shrishti* o creación son gobernados por los tres *Gunas*: *Satva, Rajas* y *Tamas*.

Capítulo 10

LOS TRES *GUNAS*

1. Explique los principios implícitos en el Universo (Cosmos).

Los principios implícitos en el Universo (Cosmos) son:

1) el Universo se basa en la naturaleza triple del tiempo: pasado, presente y futuro;

2) el Universo es sostenido por la Trinidad: *Brahma, Vishnu* y *Maheswara*;

3) el Universo está impregnado por lo Divino en la forma de los tres *Gunas: Satva, Rajas* y *Tamas*;

4) todo el Universo es, en verdad, *Brahman: Sarvam Khalvidam Brahman.*

2. ¿De qué consta la Naturaleza o Prakriti?

La Naturaleza o *Prakriti* total consta de los tres *Gunas: Satva, Rajas* y *Tamas.*

3. ¿Qué representa la Trinidad: Brahma, Vishnu y Maheswara?

La Trinidad representa a los tres *Gunas.*

4. ¿A qué corresponden los tres Gunas?

Los tres *Gunas* corresponden a los procesos de creación, sustento y disolución del Universo: *Sristhi, Sthithi* y *Laya*.

5. ¿Cuál es el fin al que debe aspirar el hombre?

El hombre debe aspirar a la vida Divina. Debiera tratar de llegar a ser Divino trascendiendo a los tres *Gunas*.

6. ¿Cuál es la naturaleza de la creación?

El cambio continuo es la naturaleza misma de la creación. La creación no es ni permanente ni inmutable.

El Creador es la única Realidad eterna e invariable.

7. ¿Cuál es el objetivo de la senda espiritual?

Es el de investigar la naturaleza del Creador y, finalmente, llegar a ser uno con El.

8. ¿Cuáles son los sinónimos para Dios?

Sinónimos para Dios son: *Sathyam, Jñanam, Anantam, Brahma, Atma* y *Bhagavan*.

9. ¿Qué son los Pancha Bhutas?

Son cinco en número. Son los elementos sutiles de:

1) espacio o *akasa*
2) aire o *vayu*
3) fuego o *agni*
4) agua o *jala*
5) tierra o *prithvi*

10. ¿De dónde emergieron los Pancha Bhutas?

Los cinco *Pancha Bhutas* emergieron del *Atma*.

11. ¿De qué está compuesto cada uno de los cinco Pancha Bhutas?

Cada uno de los cinco *Pancha Bhutas* está constituido por los tres *Gunas: Satva, Rajas* y *Tamas*.

12. ¿Cómo evolucionaron los cinco elementos densos?

Los cinco elementos sutiles evolucionaron en los cinco elementos densos y en el Universo total (Cosmos), a través del proceso de *Pancheekritam*: la fusión por permutación y combinación.

13. ¿Qué representa el Antahkarana?

El *Antahkarana*, el Instrumento Interno del hombre representa el total de la cualidad sátvica de los cinco elementos: espacio, aire, fuego, agua y tierra.

14. Explique la naturaleza de la creación desde el Satva Guna.

Desde el *Satva Guna*, la naturaleza de la creación es como sigue:

Desde el primero de los cinco elementos sutiles: *Akasa*, emergió lo que se conoce como "*Suddha Satva*" o *Satva* puro.

Del *Suddha Satva* deriva la forma humana. Del aspecto sátvico del elemento sutil *Akasa*, emergió también el oído: el órgano del oído.

15. Explique cómo emergieron los demás órganos.

Los demás órganos surgieron como sigue:

1) Del componente sátvico sutil del Aire emergió la piel.
2) Del componente sátvico sutil del Fuego emergió el ojo.

3) Del componente sátvico sutil del Agua emergió la lengua.
4) Del componente sátvico sutil de la Tierra emergió la nariz.

Los componentes sátvicos de cada uno de estos cinco elementos se relacionan con las cinco facultades de:

Sabda	sonido	oído	*Akasa* (espacio)
Sparsa	tacto	piel	*Vayu* (aire)
Roopa	vista	ojo	*Agni* (fuego)
Rasa	gusto	lengua	*Jala* (agua)
Gandha	olfato	nariz	*Prithvi* (tierra)

Estas cinco facultades llevan a cabo diferentes funciones sin traslaparse, puesto que han surgido sólo de un elemento en particular. Es así que cada órgano representa en su funcionamiento la facultad de aquel elemento particular a partir del cual evolucionara. De modo que cada órgano sensorial está funcionalmente limitado a su propio papel específico.

16. ¿De qué es producto el Antahkarana?

El *Antahkarana* es el producto acumulativo de los cinco elementos en su aspecto sátvico. De esta manera combina las funciones de los cinco órganos sensoriales. El *Antahkarana* solo tiene la capacidad de experimentar las percepciones de los cinco sentidos: los cinco *Jñanendriyas*.

La operación combinada de estos cinco elementos en su aspecto sátvico puede así ser observada en el *Antahkarana*.

17. ¿Los órganos de la percepción sensorial funcionan interna o externamente?

Funcionan tanto interna como externamente. Es el papel dual de los órganos sensoriales: los órganos de percepción externos y los centros sensoriales internos correspondientes en el cerebro son los responsables del funcionamiento de estos órganos y, por ende, de la personalidad humana.

18. ¿En qué forma se expresa el aspecto rajásico de los cinco elementos?

El aspecto rajásico de los cinco elementos, funcionando en su aspecto colectivo, se expresa como la fuerza vital - *Prana*.

19. ¿Cuál es la expresión individual de los cinco elementos en su aspecto rajásico?

Las expresiones individuales de los cinco elementos en su aspecto rajásico son las siguientes:

1) *Akasa* (espacio) se expresa mediante el *Vaak*, la voz.
2) *Vayu* (aire) se expresa como la mano.
3) *Agni* (fuego) se expresa como los pies.
4) *Jala* (agua) se expresa como uno de los órganos excretorios.
5) *Prithvi* (tierra) se expresa como el otro de los órganos excretorios.

20. Explique el significado del funcionamiento sátvico y rajásico de **Akasa** y **Vayu**.

El *Akasa* en su aspecto sátvico se expresa como el oído. En su aspecto rajásico se expresa como el *Vaak*: la facultad del lenguaje. De modo que puede decirse que *Akasa* tiene dos hijos y que el oído representa a *Satva* y la voz, a *Rajas*.

El oído, el primer hijo de *Akasa*, recibe los sonidos que provienen de afuera. El segundo hijo, *Vaak* o la voz, emite su reacción desde adentro hacia afuera en forma de palabras.

De manera similar, la piel es el primer hijo de *Vayu*, su aspecto sátvico. El segundo hijo es la mano, su aspecto rajásico. Es así que la piel reconoce a una hormiga que camina por el cuerpo y la mano trata de eliminarla.

21. ¿Cuál es la diferencia entre las cualidades sátvicas y rajásicas de los cinco elementos?

La cualidad sátvica se ocupa de recibir impresiones desde el exterior, en tanto que la rajásica se ocupa de lanzarlas fuera por vía de la reacción.

Los *Jñanendriyas* se originan de las cualidades sátvicas de los cinco elementos y reciben los estímulos.

Los *Karmendriyas* se originan de las cualidades rajásicas de los cinco elementos y responden a los estímulos.

22. ¿Qué le sucede a los aspectos sátvico y rajásico de los cinco elementos en el mundo de hoy?

En el mundo actual, son absorbidos los aspectos rajásicos de los cinco elementos y son rechazados los aspectos sátvicos de ellos.

En el esquema natural de la creación, debe recibirse lo que es sátvico y debe rechazarse todo lo que sea rajásico.

23. ¿Cuál es la cualidad primordial de la Naturaleza o **Prakriti**?

Su cualidad primordial es *Satva*.

24. ¿Cómo se conoce también a la Naturaleza o **Prakriti**? *Explique el significado.*

Se conoce a la Naturaleza o *Prakriti* también como *Stri*. *Stri* está compuesto por las tres sílabas Sa - Ta - Ra.

El significado de *stri* es que:

1) ante todo deben absorber lo que es sátvico;
2) deben desarrollar algunas cualidades tamásicas como la sumisión, la humildad y la modestia;
3) *Ra* representa al *Rajoguna* e implica que hay ocasiones en la vida en las que deben tomarse algunas resoluciones drásticas y acciones severas.

Considerando que la cualidad rajásica viene al final, ello significa que las acciones rajásicas deben ser adoptadas como último recurso y cuando son realmente inevitables.

25. ¿Cuál es la cualidad que viene en primer lugar en el proceso cósmico?

En el proceso cósmico la cualidad sátvica tiene el primer lugar. Es la sílaba *Sa* la primera.

De ahí que sea deber de cada cual el desarrollar la cualidad sátvica en todos los aspectos: pensamientos, actitudes, palabras y actos.

26. ¿En qué forma se originan los cinco elementos densos?

Los cinco elementos sutiles evolucionan para conformar los cinco elementos densos a través del proceso de *Pancheekritam*: la fusión a través de la permutación y la combinación.

27. Ilustre el proceso del **Pancheekritam** *a través de un ejemplo.*

Supongamos que los cinco elementos densos se reúnen como cinco individuos, cada uno de los cuales tiene una moneda de una rupia.

Cada uno de ellos cambia ahora su moneda por una media rupia y cuatro de dos *annas*. Puesto que dieciséis *annas* equivalen a una rupia, cada moneda de dos *annas* equivale a un octavo de rupia.

Digamos, entonces, que *Akasa* retiene la moneda de media rupia y distribuye entre los cuatro elementos restantes un octavo de rupia (moneda de dos *annas*) para cada uno.

Vayu también retiene una moneda de media rupia y distribuye entre los cuatro restantes un octavo de rupia (moneda de dos *annas*) para cada uno.

Agni, *Jala* y *Prithvi* siguen el mismo procedimiento.

Como resultado de esta redistribución, cada uno de los cinco elementos tiene su propia moneda de media rupia más cuatro monedas de cada uno de los restantes, cada una de las cuales equivale a un octavo de ese elemento. Es así que el Espacio *(Akasa)* tendrá una mitad de Espacio, más un octavo de aire, un octavo de fuego, un octavo de agua y un octavo de tierra. Y, de manera similar, cada uno de los demás elementos tendrá una mitad de su propio elemento más un octavo de los restantes cuatro.

La Tierra, por ejemplo, tendrá 1/2 de tierra, 1/8 de *Akasa*, 1/8 de *Vayu*, 1/8 de *Agni* y 1/8 de *Jala*. En el caso del ser humano, el *Pancheekritam* hace del hombre una mezcla de los cinco elementos.

Por ende, *Pancheekritam* crea diversidad a partir de la Unidad.

28. ¿Qué son los Shodasa Kalas?

Son los dieciséis componentes del hombre:

1) los cinco *Jñanendriyas*: órganos de la percepción
2) los cinco *Karmendriyas*: los órganos de la acción
3) los cinco elementos
4) la mente.

Los dieciséis *Kalas* se atribuyen únicamente a lo Divino, lo cual implica que el hombre debe comprender su Divinidad.

29. ¿Cuáles son los principales problemas del hombre de hoy?

Hoy, los principales problemas del hombre son:

1) sus deseos por placeres mundanos han llegado a exceder todo límite
2) quiere que sus innumerables deseos se satisfagan rápidamente.

30. ¿Cómo busca el hombre satisfacer sus innumerables deseos?

Para lograr su rápida satisfacción, el hombre recurre a tomar atajos. Pero no se da cuenta que estos atajos suelen estar plagados de espinas y peñascos.

El hombre está dispuesto a pasar por las más arduas dificultades para lograr la riqueza material, mas no se da trabajo alguno para realizar lo Divino.

31. ¿Cuál es la historia del devoto que se sometió a duras penitencias para asegurarse la liberalidad de Lakshmi, la Diosa de la Riqueza? ¿Qué moraleja encierra?

Lakshmi apareció ante el devoto que se había sometido a tan severas penitencias para lograr Sus favores y le preguntó qué deseaba. El respondió que deseaba a *Lakshmi* en persona. Ella le indicó que lo seguiría llevando todas Sus joyas y ornamentos, que lo acompañaría hasta su casa y dejaría allí todos Sus adornos antes de irse. La única condición que puso fue que no se volviera para mirarla mientras iban hacia su casa.

Camino hacia la casa del hombre, las joyas que llevaba *Lakshmi* tintineaban y producían toda clase de sonidos detrás de él. El hombre sintió gran curiosidad por saber qué tipo de joyas llevaba *Lakshmi*. Mientras más avanzaban, su curiosidad crecía. Cuando ya no la pudo soportar, se volvió para mirar hacia Ella.

Tan pronto miró hacia atrás, *Lakshmi* se detuvo y no lo siguió. Y de este modo el hombre perdió todos los méritos ganados gracias a tan duras penitencias, sufridas por desear fortuna.

Esto es lo que sucede cuando no se pueden controlar los deseos.

32. ¿Qué debemos hacer para ser bendecidos con la Gracia Divina?

Para ser bendecidos con la Gracia Divina y obtener Sus beneficios, debemos obedecer implícitamente los mandamientos de lo Divino. Debemos adquirir la capacidad de sacar provecho de la Gracia Divina cuando sea derramada sobre nosotros.

33. ¿En qué forma influyen los tres Gunas en nuestra visión del mundo?

Si examinamos nuestros ojos, veremos que el borde exterior es rojo y representa al *Rajoguna*. Después tenemos el área blanca que representa al *Satvaguna*. El centro del ojo es el área negra que representa al *Tamoguna*.

De modo que nuestros órganos de la vista comprenden los tres colores rojo, blanco y negro que representan a los tres *Gunas*. Y, por ende, nuestra visión es influenciada por los tres *Gunas*.

34. ¿Cuál es la respuesta a la pregunta "dónde está Dios"?

La respuesta a la pregunta "¿dónde está Dios?" la da la naturaleza misma.

La rotación de la Tierra sobre su eje a mil millas por hora es la responsable del fenómeno del día y la noche. La traslación de la Tierra en torno al sol a sesenta y seis mil millas por hora determina las diferentes estaciones, las lluvias y el cultivo de alimentos. Sin alimentos cultivables el hombre no podría vivir en la tierra. Esto es por sí mismo una prueba visible de la existencia de Dios.

35. ¿Cuál es la lección que podemos aprender observando la naturaleza?

La Naturaleza es el ropaje de Dios y la lección que podemos aprender de su observación es la del *Kriyaseelata* o el estar activo en el cumplimiento del deber de uno.

Se debe a que la Naturaleza cumple incesantemente con su deber el hecho de que el mundo pueda extraer tantos beneficios de ella.

36. ¿Cuál es el secreto y el misterio de la creación?

El secreto y el misterio de la creación reside en el cumplimiento del deber de uno con seriedad y sinceridad.

37. ¿Cómo se puede obtener la felicidad real?

La felicidad real se puede lograr solamente prestándole servicio al público. Vayan y ayuden a los pobres y abandonados, tal servicio les hará lograr tanto fortaleza como paz. También la conciencia se sentirá satisfecha. Es una lástima que ni los ricos de entre el público ni los admiradores se sientan inclinados a prestar este servicio.

38. ¿Cuál es el ideal que los estudiantes debieran mantener ante los ojos?

Los estudiantes deberían fijarse algunos ideales y estar dispuestos a servir desinteresadamente a la sociedad. Los estudiantes forman parte de la sociedad y su propio bienestar está ligado con el bien de la sociedad en general.

Los estudiantes debieran emplear su conocimiento y talento en beneficio de la sociedad. Deben tener presente que "el conocimiento sin acción es inútil y la acción sin conocimiento es estúpida".

39. ¿Cuál debiera ser la preocupación primordial de los estudiantes?

Su preocupación primordial ha de ser el desarrollar el amor a Dios. Cuando los estudiantes desarrollan ese amor puro, pueden lograr cualquier cosa.

40. ¿Cuál es el consejo que le diera Hanuman a Vibhishana?

Vibhishana se lamentó frente a *Hanuman* diciendo que pese a haber entonado por mucho tiempo el nombre de *Rama*, no había logrado una visión de El. *Hanuman* le indicó que no era suficiente con cantar el nombre de *Rama*. También había de dedicarse a servir a *Rama*.

Hanuman explicó que mientras meditaba en el nombre de *Rama*, también estaba dedicado a Su constante servicio. Era así que se había ganado la Gracia de *Rama* y se había hecho querer por El además de estar en Su proximidad.

41. ¿De qué se quejó Vibhishana ante Hanuman?

Vibhishana se quejó ante *Hanuman* porque no era capaz de concentrarse tranquilamente en *Rama*, puesto que se encontraba en medio de los crueles *Rakshasas*.

Hanuman le dijo que no se preocupara por ello, ya que los *Rakshasas* terminarían por ser finalmente destruidos y él estaría a salvo, y le pidió que continuara meditando en *Rama*.

42. ¿En qué forma alabó Vibhishana a Hanuman?

Vibhishana solía alabar a *Hanuman* como:

1) *Gunavantha*: sumamente virtuoso.
2) *Balavantha*: extremadamente fuerte.
3) *Saantha*: siempre calmo y pacífico.

43. ¿Cómo podemos lograr fuerza y paz al igual que Hanuman?

Podemos lograr fuerza y paz como *Hanuman* sólo a través del amor y el servicio, junto con el control de los sentidos.

44. ¿Qué le dijo Prahlada a su padre Hiranyakasipu?

Prahlada le dijo a su padre: "¿Cómo puedes llamarte a ti mismo un gobernante, si tú mismo eres gobernado por tus sentidos?".

45. ¿Qué debieran esforzarse por hacer los estudiantes?

Los estudiantes deben esforzarse por controlar sus sentidos y desarrollar:

1) amor a Dios
2) temor al pecado
3) moralidad en la sociedad.

Capítulo 11

CONOCETE A TI MISMO

1. ¿Qué le dijo el Señor Krishna a Arjuna respecto al Atma?

El señor *Krishna* le dijo a *Arjuna*:

"*¡O* Gudakesa! —*¡Conquistador del sueño,* Arjuna!
Yo soy el Atma *que reside en el corazón de todos los seres,*
También soy el principio, el medio y el final de todos los seres.*"
(*Gita*, Capítulo X-20)

2. ¿Qué significa lo que declara el Señor Krishna a Arjuna?

La declaración del Señor *Krishna* significa que no existe nada que no sea el Sí Mismo o *Atma*. Significa también que todo el Cosmos que consiste de objetos móviles e inmóviles, es sólo el *Atma*.

3. ¿Qué necesita hacer el hombre de hoy?

El hombre de hoy necesita:

1) contemplar constantemente el Sí Mismo
2) realizar al Sí Mismo
3) estar firmemente establecido en el Sí Mismo
4) experimentar la dicha del Sí Mismo.

4. ¿Con que otra denominación se conoce también al Atma?

El *Atma* también se conoce como "conciencia despierta".

5. ¿De qué es responsable esta "conciencia"?

Esta conciencia es la responsable de la conciencia del "yo" en todos los seres. Esto es *Aham*; esto es el "yo" real.

6. ¿En qué se convierte el Aham cuando se identifica con el cuerpo?

Al identificarse con el cuerpo se convierte en *Ahamkara*. El *Ahamkara* es el falso "yo", no el real. El "yo" real es el *Aham*, el Sí Mismo o el *Atma*.

7. ¿Qué cosa es lo que siempre oculta al Atma?

El *Atma* está siempre oculto por la mente. La mente que es un retoño del *Atma*, lo oculta de la misma manera en que las nubes que se han formado gracias al calor del sol, ocultan al sol mismo.

8. ¿Qué puede esperar el hombre mientras esté allí la mente?

Mientras la mente esté ahí, el hombre no puede esperar llegar a entender nada acerca del Sí Mismo. El hombre no podría ni llegar a pensar en comprender ni experimentar la dicha del Sí Mismo mientras se interponga la mente.

9. ¿Cómo se conoce la conciencia del "yo" en todos los seres?

Esta conciencia del "yo" en todos los seres se conoce como *Aham*.

10. ¿Cómo se denomina el estado en que uno está establecido en todo momento y en toda circunstancia en el Sí Mismo?

Ese estado en el que uno está establecido en el Sí Mismo en todo momento y en cualquier circunstancia se llama Autorrealización o *Shakshatkara*.

11. ¿Con qué es sinónimo el término "yo"?

El término "yo" es sinónimo con *Brahman*, el Sí Mismo, el *Atma* o *Aham*.

12. ¿Cuál es el primer sonido que emanó del Sí Mismo?

El primer sonido que emanó del Sí Mismo fue "Yo".

13. ¿Cuándo comenzó la creación?

La creación no empezó sino después de la emanación del sonido "Yo". Si no hubiera un "Yo" no habría creación.

14. ¿Qué es el "yo" sin la mente?

El "yo" sin la mente es el *Atma* o el Sí Mismo en su pureza prístina. No hay sino un *Atma* o Sí Mismo y ése es el "yo".

15. ¿Qué es el "yo" con la mente?

El "yo" con la mente es el sí mismo falso o *Mithyatma*.

16. ¿Qué resultado tiene que el hombre practique diferentes tipos de Sadhana para alcanzar la Autorrealización?

El hombre practica varios tipos de *Sadhana* para experimentar su propia Realidad, lo que ya es.

Las *Sadhanas* que se practican para satisfacción mental no servirán más que al propósito de fortalecer la mente en lugar de destruirla. Todo este tipo de prácticas de búsqueda del Sí Mismo se ubican en el estado de *Ajñana*, de la ignorancia.

El único enfoque correcto de la *Sadhana* es su uso para disipar el *Anatma Bhava*, la noción del "no sí mismo". Esta es la enseñanza del *Vedanta*.

Adorar a tres millones de Dioses y Diosas y seguir todo tipo de *Sadhanas* para alcanzar la Autorrealización y la liberación, no hace sino indicar las aberraciones mentales, las alucinaciones y los engaños de que padecen.

17. ¿Cuál es el único camino para lograr el Atmajñana, el conocimiento del Sí Mismo?

El único camino para lograr el *Atmajñana* o conocimiento del Sí Mismo y el *Atmananda* o bienaventuranza del Sí Mismo, es destruyendo o aniquilando la mente.

18. ¿Qué consecuencias tiene el no destruir o aniquilar a la mente?

Las consecuencias de que no destruyan o aniquilen a la mente son:

1) mientras la mente esté allí, los deseos no los dejarán;
2) mientras tengan deseos, no los dejará la falsa noción del "yo" y "mío";
3) mientras el sentir de "yo" y "mío" se mantenga, no los dejará el *Ahamkara*, la identificación errónea de ustedes con el cuerpo;
4) mientras no los deja el *Ahamkara*, tampoco los dejará el *Ajñana*, la ignorancia.

Hay que concluir, por ende, que mientras no se destruyan o aniquilen sus mentes, se encontrarán en un estado de *Ajñana* o ignorancia. Seguirán en las garras de su *Ahamkara*, de la falsa noción del "yo" y el "mío", así como en las garras de sus deseos, los que no tienen fin.

19. ¿Cuál es el sustrato o fuente de nuestro origen o identidad?

El sustrato o fuente de nuestro origen o identidad es *Brahman*, el *Atma* o el Sí Mismo.

20. ¿Qué emergió de Brahman, el Atma o el Sí Mismo?

El *Antahkarana*, consistente de mente, *Chitta*, *Buddhi* y *Ahamkara* fue lo que emergió del sustrato que es *Brahman*, el *Atma* o el Sí Mismo.

21. ¿Qué le sucederá al Antahkarana si llegamos a realizar al Sí Mismo?

El *Antahkarana* tendrá que fundirse de vuelta en el sustrato, el *Brahman* o Sí Mismo. Habremos de reconocer la fuente de nuestro origen y nuestra propia identidad en lugar de intentar alcanzarla recurriendo a otras sendas.

22. ¿Cuál es la moraleja de la historia de los diez hombres que cruzaron un río y pensaron que faltaba uno del grupo?

Diez hombres cruzaron un río y llegaron a la otra orilla. Uno de ellos quiso saber si todos lo habían cruzado a salvo. Los contó a todos olvidando incluirse a sí mismo y pensó que uno del grupo había sido perdido en el cruce. Se puso a llorar desconsoladamente.

Un pasante vio la escena y les pidió a todos que se pararan en una fila. Los contó a los diez y les comprobó que ninguno se había perdido. La moraleja de esta historia es que aquel que se ha olvidado a sí mismo no puede reconocer correctamente la verdad.

Siendo que ustedes mismos son el *Atma*, ¿cómo podrían reconocer al *Atma* rezándole a algún otro ser o llevando a cabo alguna otra *Sadhana*?

23. ¿Cuál es la razón por la que somos incapaces de realizar nuestro propio Atma?

Hemos olvidado a la Unidad en la diversidad y corremos en pos de la diversidad. Hemos desarrollado un gusto por la diversidad. No nos damos cuenta de que "el Uno se ha convertido en los muchos" - *Eko ham bahusyam*.

Todo lo que vemos en torno a nosotros son nuestros propios reflejos, como en un espejo. Corremos tras de las imágenes reflejadas, abandonando al objeto real.

24. ¿Por qué son inútiles muchas de las Sadhanas para experimentar al Sí Mismo?

Todas las *Sadhanas* que practicamos para experimentar al Sí Mismo sirven sólo al propósito de tranquilizar a la mente. Esta mente calmada puede volver a agitarse y se habrá perdido el propósito de nuestra *Sadhana*.

En ese caso nuestra *Sadhana* se vuelve una ilusión *(Bhrama)* que los atará de pies y manos y el que esté atado por *Bhrama* no puede alcanzar a *Brahman*. Lo que debemos hacer es librarnos de la mente aniquilándola en lugar de tranquilizarla. Y podemos librarnos de la mente llegando a entender su verdadera naturaleza.

25. Explique la diferencia entre las clases de Sadhana correctas y equivocadas.

Los tipos de *Sadhana* correctos para buscar la Autorrealización o el *Atma*, son los que van dirigidos a la destrucción de la mente. Tenemos que recordar que el éxito o el fracaso no dependerá de la *Sadhana* que sigamos ni de nuestros propios esfuerzos.

A causa de que el hombre se identifica con su cuerpo, es impotente frente a su propio ego que lo lanza de uno a otro lado. El hombre piensa "Yo soy el hacedor". Piensa "Yo estoy haciendo esto" o "Yo estoy disfrutando de esto". Pensando de este modo va fortaleciendo día y noche su sentido de hacedor o *Kartritvabhava*.

Al engañarse en cuanto a que ha sido capaz de lograr cosas por su propio esfuerzo, el hombre no hace sino inflar a su propio ego o *Ahamkara*.

Por causa de la identificación del hombre con su cuerpo, hasta sus mejores esfuerzos no han sido coronados de éxito.

26. ¿Cuáles son los mayores obstáculos para lograr el éxito en nuestra Sadhana?

Los principales obstáculos son nuestro sentimiento de "yo" y "mío" = *Ahamkara* y *Mamakara*. Estos sentimientos de "yo" y "mío" se ven indebidamente fomentados por nuestro falso sentido de hacedor y de disfrutador = *Kartritva* y *Bhoktritva*.

Como estamos sumidos profundamente en este engaño *(Bhrama* o *Bhranthi)* no podemos esperar alcanzar a *Brahman* sin liberarnos de él.

27. ¿Por qué estamos tan sumidos en esta ilusión engañosa?

Por causa de nuestra mente. Nos preocupamos de nuestras diversas actividades sólo para nuestra satisfacción mental. No obstante, la mente nunca sabrá de satisfacciones, sea lo que fuere que hagamos y por el tiempo que lo hagamos.

Sólo la mente es *Maya* o ilusión engañosa.
Sólo la mente es deseo.
Sólo la mente es *Avidya* o ignorancia.
Sólo la mente es Naturaleza o *Prakriti*.
Sólo la mente es ilusión engañosa, *Bhranthi* o *Bhrama*.

Tan profundamente inmerso en este *Bhrama* o engaño, ¿cómo podría el hombre esperar alcanzar a *Brahman* sin deshacerse de él?

El hombre le teme a sus propios sentimientos y agitaciones. Sin embargo, debemos recordar que "La Realidad es Una": *Ekam Sat*. La Realidad es *Atma*. Dios es el *Sat* mismo. Dios es *Chit* mismo. Dios es *Ananda* mismo. No están separados ni son diferentes de Dios.

28. ¿Qué tenemos que hacer entonces para alcanzar la Autorrealización?

No debemos sentirnos frustrados de que, al depender de nuestros propios esfuerzos, no hayamos alcanzado el éxito. Porque con muy poco o casi nada de esfuerzo podemos lograr la Autorrealización, si:

1) le dedicamos todas nuestras actividades a lo Divino
2) las consideramos como el trabajo del Señor
3) las emprendemos con una fe inconmovible en Dios.

Debemos mantener la firme convicción de que nada se debe a nuestro propio esfuerzo.

29. ¿Qué prueba hay para la declaración de que nada sucede debido al esfuerzo humano?

La prueba para esta declaración puede encontrarse dentro del propio cuerpo.

¿Qué esfuerzos realizamos para el incesante latir de nuestro corazón o para el incesante respirar de nuestros pulmones? ¿La digestión de los alimentos que ingerimos se produce gracias a nuestra voluntad? ¿Podemos vivir, porque queremos vivir o morir, porque queremos morir? ¿Se produce nuestro nacimiento cuando y donde queremos que suceda?

Si seguimos por esta ruta de pensar, nos daremos cuenta de que nada sucede gracias al esfuerzo humano.

Es nuestro falso sentido de hacedor y de gozador el que promueve indebidamente nuestro sentimiento de "yo" y "mío" y nos hace pensar que todo sucede gracias a nuestro propio esfuerzo.

30. ¿Cuáles son las consecuencias de nuestro Manobhranthi o engaño mental?

Las consecuencias son el pensar que somos el cuerpo. Al pensar continuamente que somos el cuerpo, no hacemos sino incrementar nuestro *Ahamkara*, confiando en el "yo" falso y rechazando al "yo" real.

Mientras pensemos que existe algo diferente de nosotros, estaremos sumidos en la ignorancia.

No hay ningún gran poder que desconozcamos y que sea diferente de nosotros, que tengamos que realizar. No existe ningún poder divino secreto y sagrado separado de nosotros que tengamos que adquirir. Todo lo que se piense a este respecto no es más que una ignorancia crasa parecida a un sueño.

Debiéramos comprender que no hay nada sino el Sí Mismo en el Universo y que no hay nada superior a El. Si entendiéramos esta pequeña pero sutil verdad, podríamos expandir en cualquier medida el horizonte de nuestros pensamientos y sentimientos.

31. Explique lo que significa Atma-tatwa, el principio del Sí Mismo.

El *Atma-tatwa*, el principio del Sí Mismo, lo satura todo en todas partes como *Chaitanya* o conciencia. No existe ningún lugar en que no exista la conciencia.

Para la comprensión del hombre, el *Atma-tatwa* se ha dividido como *Sat-Chit-Ananda*. En el *Vedanta* se les conoce como *Asthi-Bhathi-Priyam*. Todos se refieren a la misma entidad única *Atma-tatwa*. Representan reflejos mutuos de cada uno de los demás.

Todo lo que vemos en el mundo fenoménico no son sino reflejos del Sí Mismo único. En asuntos espirituales que se refieren al Sí Mismo o *Atma*, no hay sino el sujeto, no hay un objeto o predicado separados. En asuntos mundanos, los tres, el sujeto, el objeto y el predicado se encuentran presentes.

32. *Explique la unicidad de* Sat-Chit-Ananda *por medio de un ejemplo.*

Tomen el ejemplo de un vaso. El vaso existe. Por ende, es *Sat*. Cuando es visto, crea en nosotros una conciencia de que es un vaso. De modo que es *Chit*. Hacemos uso del vaso. Por lo tanto es *Ananda*.

El vaso no se ha convertido en tres. Es solamente uno en el que se han unido todos estos aspectos. Esto ilustra también la Unidad en la diversidad referida al Sí Mismo. El Sí Mismo no tiene forma, mas aparece en diferentes formas.

Si consideramos el ejemplo del aire, sabemos que no tiene forma. Asume la forma del contenedor que se usa para guardarlo: un balón, una pelota o un colchón inflable.

De manera similar, aunque el Sí Mismo no tiene forma, posee la cualidad de *Chaitanya* o conciencia.

33. *Explique el principio de la conciencia.*

El principio de la Conciencia o Percepción consciente tiene tres aspectos.

Cuando la Conciencia está asociada a los sentidos, usamos el término consciente. Cuando se asocia a la mente, usamos la palabra conciencia. Cuando está asociada al Sí Mismo, es pura concienciación.

Por conveniencia se usan los tres términos en el lenguaje cotidiano.

34. ¿Por qué nos es difícil experimentar la unidad del Sí Mismo?

Mientras tengamos el cuerpo, los sentidos, la mente y el intelecto es muy difícil experimentar la unidad del Sí Mismo. Mas no hemos de renunciar ni cejar en nuestro esfuerzo por experimentarlo. La razón para este empeño reside en que la experiencia del Sí Mismo vale muchísimo más que todos nuestros esfuerzos por lograrla.

35. ¿A quién debieran servirle el cuerpo, los sentidos, la mente y el intelecto?

El cuerpo, los sentidos, la mente y el intelecto están todos destinados a servir al Dueño: el *Atma* o Sí Mismo.

36. ¿Qué representa el estado de transición entre el estado del sueño profundo y el de vigilia?

El estado de transición entre el de sueño profundo y el de vigilia representa al *Satvaguna*: el estado de equilibrio o balance que es de la naturaleza del Sí Mismo. Deben comprender lo que es el Conocimiento de Sí Mismo: no es más que entender la naturaleza del Sí Mismo.

El estado del sueño profundo representan al *Tamoguna*: el estado de inercia, en tanto que el estado de vigilia representa al *Rajoguna*: el estado de actividad.

Capítulo 12

EL CONOCIMIENTO DE SI MISMO

1. ¿Cómo le explicó el Señor Krishna a Arjuna *la diferencia entre el* Kshetra *y el* Kshetrajna?

Le explicó de la manera siguiente esta diferencia:
El cuerpo es llamado el *Kshetra*: el campo.

El Conocedor del *Kshetra* es llamado *Kshetrajna*: conocedor del campo.

"Conóceme a Mí como el *Kshetrajna*: el Conocedor de los campos en todos los *Kshetras*. Desde Mi punto de vista, el Conocimiento del *Kshetra* y del *Kshetrajna* es el único conocimiento verdadero" (*Gita*, Capítulo XIII-2).

2. *Cómo podemos entender al* Atma *infinito o Principio Divino?*

Podemos entender al sagrado, puro e infinito *Atma* o Principio Divino sólo si reconocemos totalmente la naturaleza de los *Upadhis* o vestiduras del hombre: el cuerpo, los sentidos, la mente y el *Buddhi* o intelecto.

3. ¿*De qué modo puede describirse al total del mundo?*

Todo el mundo es una combinación de *Kshetras* y *Kshetrajna*: los campos y el conocedor de los campos.

4. ¿Qué es el Kshetra?
El *Kshetra* es el cuerpo humano.

5. ¿De qué es reflejo el cuerpo humano?
El cuerpo humano es un reflejo de *Prakriti* o Naturaleza.

6. ¿De qué es reflejo la totalidad del Universo?
La totalidad del Universo es un reflejo del ser interior del hombre.

Todos los aspectos animados e inanimados del Universo se encuentran en el cuerpo humano.

7. ¿Es suficiente conocer y entender los Upadhis: las vestiduras del hombre?
No es suficiente, no basta con conocerlos.

8. ¿Que deberíamos saber y entender además de los Upadhis?
Deberíamos conocer y entender al *Kshetrajna* que anima a todos los *Kshetras*. Si entendemos al *Kshetrajna* no hay necesidad de saber acerca del *Kshetra*. Sin embargo, habremos de prestarle atención hasta entonces.

9. ¿Qué tipo de conocimiento necesitamos para entender al Kshetrajna?
Para entender al *Kshetrajna* o Sí Mismo necesitamos de una clase especial de conocimiento. El conocimiento del mundo y la materia no nos ayudará para entender lo que se refiere al Sí Mismo. Para experimentar al Sí Mismo o *Atma*, requerimos solamente del Conocimiento de Uno Mismo o *Atmajñana*.

10. ¿Qué es Ajñana?
Aquellos que consideramos como conocimiento en este mundo físico, no es otra cosa que ignorancia: *Ajñana*.

11. ¿Que es lo único que es verdadero Conocimiento?

El Verdadero Conocimiento es el Conocimiento de Sí Mismo o *Atmajñana*. La verdadera concienciación también es *Atmajñana*.

12. ¿A qué nivel pertenece la clasificación entre sujeto, objeto y predicado?

Esta clasificación entre conocedor, lo conocido y el conocer: *Jñanam, Jñeyam y Jñana*, pertenece al nivel de la mente.

13. ¿Cuándo se revela el Conocimiento de Sí Mismo?

Se revela después del aniquilamiento de la mente. El tranquilo y sereno silencio que sigue a la destrucción de la mente representa de por sí conocimiento verdadero.

14. ¿El conocimiento verdadero es algo que debe adquirirse?

El verdadero conocimiento es nuestra naturaleza misma. No se trata de algo que se adquiera como novedad.

15. ¿Por qué no está a nuestro alcance el verdadero conocimiento?

No está a nuestro alcance, porque se encuentra oculto por la mente y sus aberraciones, de la misma manera en que la brasa está cubierta por la ceniza que ella misma generara, en que el agua queda cubierta por el musgo que ella misma produjera, en que las nubes cubren al sol y han sido producidas por el mismo calor del sol y en que el ojo se cubre con la catarata que surge del ojo mismo. En la misma forma en que recobramos la vista cuando se eliminan las cataratas, el Conocimiento de Sí Mismo queda revelado automáticamente si eliminamos a la mente.

16. ¿Se puede obtener el Conocimiento de Sí Mismo desde afuera?

No puede obtenerse desde afuera. No se puede obtener de libros, no puede ser entregado por algún Gurú, ni tampoco puede obtenerse como merced del *Paramatma* o Alma Suprema.

El hombre es él mismo *Paramatma*, *Atma* o *Jñana*.

17. ¿A qué están sometidas todas las cosas en el mundo manifestado?

Todas las cosas en el mundo manifestado están sometidas a un cambio constante debido al proceso de unión y separación de átomos. Esto se produce interminablemente.

18. ¿Cómo es afectado el hombre por los cambios en sus estados de conciencia?

Cambios como los de la edad de una persona o cambios a causa de alteraciones del estado de conciencia como la vigilia, el soñar y el dormir, no afectan sino a los cuerpos denso, sutil y causal.

19. ¿En qué forma deberemos dirigir nuestra indagación dentro del Atma?

Deberíamos sentarnos solos e inquirir serenamente sobre cómo el *Atma* o el *Jñana* está presente en todo. Entonces oiremos, desde dentro de nosotros, una voz Divina espontánea, voz que es eterna e invariable, nada la altera.

20. ¿Qué es esta invariable voz divina interior?

Esta Divina voz interior emana del *Atma* como "Yo", "Yo", "Yo" - *Aham, Aham, Aham.*

21. ¿De qué es fuente este Aham?

El *Aham* es la fuente del *mantra So-Ham* que se repite incesantemente, sin esfuerzo consciente alguno, en todos nosotros en cuanto proceso de la respiración.

22. ¿Cuál es la diferencia entre Aham y Ahamkara?

El *Aham* aparece como *Ahamkara* cuando se identifica con el cuerpo. El *Aham* es divino, el *Ahamkara*, humano.

23. ¿Cómo podemos realizar Aham?

Aham, la espontánea voz divina interior, sólo puede realizarse purificando nuestros corazones y no estudiando las Escrituras o convirtiéndose en un erudito.

24. ¿Qué es lo que experimentamos cuando hemos llegado más allá de la mente?

No experimentaremos nada más que el Sí Mismo o *Aham*.

Cuando el río llega al mar, pierde su individualidad. También pierde su nombre y forma y se hace uno con el mar. El Conocimiento de Sí Mismo se revela sólo cuando llegamos más allá de la mente, es decir después de su destrucción.

25. ¿En qué se convierte el conocedor de Brahman?

El conocedor de *Brahman* se convierte verdaderamente en *Brahman*.

26. Explique la presencia del Sí Mismo en el hombre por medio de la analogía del sol y un vaso con agua.

Cuando hay un vaso lleno de agua, podemos ver la

imagen del sol en él. Sin embargo, el sol está siempre presente aunque no estén el vaso, el agua y la imagen reflejada.

De manera similar, el Sí Mismo estará siempre presente, aunque uno no sea capaz de experimentarlo a El o ni siquiera a Su reflejo.

27. ¿Es una imagen fiel del Atma original aquella que logramos por medio del cuerpo y la mente?

La imagen que logramos por medio del cuerpo y la mente no es fiel imagen del *Atma* original. Esta imagen es similar al reflejo de nuestra cara en la superficie del agua, en la que el ojo izquierdo aparece como si fuera el derecho.

Así también, cuando viajamos en tren, nuestra vista nos engaña dándonos la impresión de que están en movimiento los árboles y las montañas en el exterior.

Las diferencias que vemos en el mundo sólo se deben a las distorsiones de la mente. No podemos experimentar al *Atma* por medio del cuerpo y la mente.

28. ¿Qué habríamos de hacer para realizar la verdad eterna?

Para ello tenemos que ir más allá de la mente.

29. ¿Para alcanzar éxito en su Sadhana, puede el hombre hacer uso de su libre albedrío?

Es un craso error creer que el hombre posee libre albedrío. Y si el hombre cree que puede alcanzar el éxito en su *Sadhana* haciendo uso de su voluntad y determinación, ello se debe a la aberración de su *Ahamkara* y representa un reflejo de su falso sentido de hacedor: *Kartritva*.

El hombre necesita la gracia, la ayuda y el apoyo de lo Divino para lograr éxito en su *Sadhana*.

30. *Ilustre por medio del ejemplo de* Karna *(un héroe del* Mahabharata*) que no basta con el ejercicio del libre albedrío para que el hombre logre éxito en sus empresas.*

Karna tenía todo lo necesario para alcanzar la victoria. Poseía armas poderosas, fuerza física e intelectual y valor. Sin embargo, pese a todas estas ventajas fue derrotado, porque carecía de una sola cosa: la Gracia, la ayuda y el apoyo de lo Divino.

31. *¿Qué nos enseña el ejemplo de* Karna*?*

Nos enseña que para llegar al Conocimiento de Sí Mismo es una necedad apoyarse en las capacidades físicas, mentales e intelectuales que uno posea, o el recurrir a ellas.

32. *¿Qué necesitamos para alcanzar el Conocimiento de Uno Mismo?*

Para llegar al Conocimiento de Uno Mismo debemos reconocer y cultivar el espíritu de unicidad en todo lo que existe.

33. *¿Quién es el beneficiario de todas las comodidades que hay en el mundo moderno?*

La respuesta a esta pregunta será el hombre mismo. Cada hombre se describe a sí mismo como "Yo". En ausencia del "Yo" no habrá ni productor ni consumidor, como tampoco una necesidad de producir. Por lo tanto, todo se centra en torno al "Yo". Por ende, los hombres son más valiosos que todas las riquezas del mundo.

34. *¿Qué es lo importante que debiéramos reconocer en el hombre?*

La cosa importante que debiéramos reconocer es que el hombre es, esencialmente, Divino. El "Yo" debiera ser *Aham*, el Sí Mismo Divino, y no *Ahamkara*, el falso sí mismo.

35. *¿Cómo se puede experimentar la Divinidad?*

La Divinidad se puede experimentar sólo a través del *Atmajñana* o el Conocimiento de Sí Mismo.

36. *¿Cuál es el mejor medio para experimentar el* Atmajñana*?*

El *Bhakti* es el mejor medio para experimentar el *Atmajñana* y también para gozar el *Atmananda*: la dicha del Sí Mismo.

37. *¿Qué es* Bhakti*?*

Bhakti es la contemplación constante del Sí Mismo.

38. *¿Es diferente el* Bhakti *del* Jñana*?*

El *Bhakti* y el *Jñana* no son diferentes. En sí mismo, el *Bhakti* es *Jñana* y el *Jñana* mismo es *Bhakti*. Están estrechamente interrelacionados y son interdependientes.

39. *¿Cuál es el nexo que liga al* Bhakti *y al* Jñana*?*

El singular nexo que liga al *Bhakti* con el *Jñana* es el *Prema*.

40. *¿Cuán poderoso es el* Prema*?*

Con la sagrada cuerda del *Prema* podemos atar hasta al Señor Mismo.

41. *¿Podemos llegar al Cielo después de la muerte engendrando hijos?*

Hay muchas personas engañadas por la noción equivocada de que si engendran hijos, éstos los ayudarán a llegar al cielo después de su muerte llevando a cabo la ceremonia del *Sraaddha*. Es igualmente necio creer que aquellos que tienen hijos llegarán hasta los mundos superiores y los que no los tienen se hundirán en los inferiores.

42. En este contexto, ¿a qué exhorta el Bhagavad Gita al hombre?

En el *Bhagavad Gita* se exhorta al hombre a: "Elévate a ti mismo por medio de tus propios esfuerzos" = *Udareth Atmanaa Atmaanam* (*Gita*, Capítulo VI-5).

43. ¿Qué significa Sraaddha?

El real significado es ofrendar *Pinda* con *Sraaddha* o sea, fe a los Pies de Loto del Señor.

44. ¿Qué significa Pinda-dana?

Pinda no significa la bola de arroz como se suele entender habitualmente: significa el cuerpo humano.

El verdadero *Pinda-dana* es ofrendar nuestro cuerpo, todas nuestras facultades y talentos físicos y mentales para el servicio al Señor que se ha manifestado como Universo.

45. ¿Qué significa en el Vedanta Tunga Bhadra?

En el *Vedanta*, el cuerpo humano se llama *Tunga Bhadra*. *Tunga* significa muy elevado y *Bhadra* significa bueno, sagrado o auspicioso. Las implicaciones de llamar *Tunga Bhadra* al cuerpo humano son que el cuerpo está destinado a emprender actividades nobles que produzcan beneficios para la sociedad.

46. ¿Qué debemos hacer para ser dignos del apelativo de Tunga Bhadra?

Para merecer este nombre debemos dedicar nuestro cuerpo y mente al servicio lleno de amor a todos los seres.

47. ¿Cómo se hizo digno de su nombre el Santo Thyagaraja?

Thyagaraja significa "Rey de la Renunciación". Cuando el gobernante de *Tanjore* le enviara joyas preciosas y provisiones para mantener su menaje doméstico, el Santo *Thyagaraja* se rehusó a aceptarlas y le habló así a su mente: "¡Oh, mi querida mente! ¿Qué es lo que concede real felicidad? ¿La riqueza o los Pies de Loto del Señor? Dime la verdad, por favor".

También le cantó espontáneamente una plegaria al Señor: "¡Oh, mi amado Señor *Rama*! ¿Deseas tentarme con estas riquezas y tomarlo como excusa para abandonarme? Me he aferrado con firmeza a Tus Pies de Loto con ambas manos. ¿Cómo podrían estas manos dejar Tus Sagrados Pies que son mi tesoro permanente y preciado, para recibir este transitorio oropel de tentadoras riquezas?"

48. ¿Cuál es la lección que podemos aprender del ejemplo del Santo Thyagaraja?

De su ejemplo podemos aprender que al igual que el Santo *Thyagaraja*, quien se mostrara digno de su nombre, también nosotros debemos mostrarnos dignos de nuestro nombre de *Tunga Bhadra* que las escrituras le han dado al cuerpo humano.

49. ¿Cómo podemos llevar a cabo la transformación espiritual dentro de nosotros mismos?

Podemos llevar a cabo una transformación espiritual dentro de nosotros mismos sólo cuando llevemos a la práctica al menos unas pocas de las muchas cosas que hemos estado escuchando en los Divinos Discursos de Swami.

Capítulo 13

¿QUE ES LA LIBERTAD?

1. ¿Qué debiéramos decirle a nuestra mente?
Debiéramos decirle: "¡Oh, mente alocada! Busca refugio en el Nombre del Señor *¡Govinda! ¡Govinda! ¡Govinda!*"

2. ¿Por qué habríamos de decirle eso a nuestra mente?
Habríamos de decírselo puesto que en el mundo reinan sin restricciones el dolor y el sufrimiento. La vida está llena de conflictos, dolencias y engaños.
La vida del hombre en este mundo transitorio es como una gota de rocío que brilla y tiembla sobre una hoja de loto.

3. ¿Qué es verdadera espiritualidad?
La verdadera espiritualidad o *Aadhyaatmikam*, consiste en sembrar las semillas del amor en los corazones de todas las gentes y en facilitar el florecimiento de la paz y del amor divino entre todo el género humano.

4. ¿Cuándo podemos afirmar que hemos alcanzado la libertad?
Podemos afirmarlo solamente cuando hayamos alcanzado la unidad. Si afirmamos haber logrado la li-

bertad, será meramente la libertad de la palabra, mas no la del individuo.

La verdadera libertad reside en no interferir con la libertad de otros. La verdadera libertad emana desde el nivel del Corazón.

5. *Explique el significado de libertad en el sentido espiritual.*

La verdadera libertad consiste en comprender al Principio Divino eterno e invariable o al Corazón. Al hacerlo nos convertimos en conocedores de todo.

La verdadera libertad es la que emana del Corazón, sin consideración de lugar, tiempo, persona o cosa. Emana del nivel del Corazón. Este Corazón no tiene forma. No es el corazón físico. El Corazón espiritual es eterno e invariable.

Podemos gozar de real libertad si mantenemos siempre frente a los ojos nuestra verdadera naturaleza en cuanto el Sí Mismo o *Atma*.

Sólo la espiritualidad es verdadera libertad o *Swaatantryam*. Sólo la libertad es espiritualidad. Espiritualidad y libertad no pueden existir separadamente.

Nadie tiene libertad absoluta en este Universo. Aquel que posee libertad no llega a nacer en este mundo.

6. *"Así como es el microcosmos, así es el macrocosmos." Explique.*

El microcosmos se refiere al individuo. El macrocosmos es el agregado o la suma total: el Universo: *Yatha Andande, Tatha Brahmande*.

7. *¿Cuál es la pregunta que le hizo* Uddalaka *a su hijo* Svetaketu*?*

Uddalaka envió a su hijo *Svetaketu* a estudiar por doce años con otro Gurú. Después de estos años, volvió donde su padre inflado de orgullo por su profundo saber y erudición.

De todos los tipos de orgullo, el orgullo del saber es el peor.

Uddalaka le preguntó a su hijo: "¿Has conocido aquello que al conocerlo haría que lo conozcas todo?" *Svetaketu* se quedó perplejo ante esta pregunta que no sabía cómo responder. Ello le propinó un golpe mortal a su orgullo.

Esta pregunta hizo que *Svetaketu* se diera cuenta de la superioridad del Conocimiento de Sí Mismo o *Atmajñana* frente al *Lokajñana* o conocimiento secular.

8. Explique el significado espiritual de la palabra Corazón.

El Corazón o *Hridayam* usado en su sentido espiritual no es otro que el *Atman*, el "Yo" o el Sí Mismo. El Corazón o *Hridayam* es *Brahman* o la Realidad Suprema. Lo satura todo y es omnipresente.

El nombre que se le da a una persona es el nombre dado a su cuerpo. Debemos recordar que el "Yo" o *Aham* es el Sí Mismo Real y que está separado del nombre dado al cuerpo.

9. ¿Cuáles son las diferencias en el mundo fenoménico desde la visión del Corazón, empleado como término espiritual?

En el mundo fenoménico encontramos muchas diferencias como bueno y malo, pecado y virtud, verdad y mentira, dolor y placer. Debemos recordar que todas estas diferencias son creadas por la mente.

A nivel del Corazón, no encontraremos estas dualidades o pares de opuestos. El Corazón carece de forma, pero es el sustrato de todas las formas.

10. Explique por qué el mundo fenoménico es llamado ilusorio, usando la analogía de un vaso de plata.

Un vaso de plata tiene nombre y forma. Si le quitáramos el nombre y la forma, ¿qué quedaría? Sólo la plata. Era plata antes de convertirse en un vaso. Y, aunque tenga la forma de vaso, de todos modos no es más que plata. Si el vaso se fundiera y se lo convirtiera en una masa redonda, continuaría siendo plata. Por ende, el vaso de plata no es sino plata en un comienzo, en el medio y al final.

Aquello que no existe en un comienzo ni al final, sino que existe únicamente en el medio, se considera como no existente realmente, tampoco en el medio. Resulta obvio que la existencia en el medio no es sino un mito o una ilusión.

Es por ello que el mundo fenoménico se tilda de materia ilusoria: *Mithya Jagat*.

11. ¿Cuál es la razón para la dualidad que vemos en el mundo fenoménico?

Todas las dualidades que vemos en el mundo fenoménico son las creaciones de la mente. Sólo cuando tenemos a la mente vemos todas las diferencias o dualidades en el mundo. Estimamos a la mente y le prestamos cada vez más atención, en lugar de dedicarnos a indagar sobre el Sí Mismo o *Atma-Vichara*.

Cuando emprendemos la Autoindagación, nos damos cuenta que la Existencia es Una: *Ekam Sat*.

12. ¿Cuándo llega uno a tener real libertad?

Uno tiene real libertad cuando es destruida la mente. Sin embargo, en términos absolutos, la Existencia es Una y de ahí que la palabra libertad esté fuera de lugar en este contexto.

13. ¿Qué es la verdadera rendición o entrega al Señor?

La verdadera entrega al Señor nunca toma conocimiento de la presencia o la ausencia de pesar, sufrimiento o desdicha.

Cuando una persona se queja "Yo me he entregado por completo a Swami, pero mis problemas, dificultades, sufrimientos y pesares no tienen fin", eso no es entrega alguna. Sólo indica que no conocemos el significado de la verdadera entrega o rendición.

14. ¿Qué es Samadhi?

Sólo la fusión de la mente en el *Atma* es *Samadhi*. En el estado de *Samadhi* uno no experimenta la dualidad.

Samadhi = *Sama* + *dhi*. Esto significa estabilidad mental.

En el estado de *Samadhi* no habrá traza de diferencias como las de placer y dolor, ganancia y pérdida, virtud y pecado, o *Prakriti* y *Paramatma*. Sólo esto constituye la esencia de la estabilidad mental.

Samadhi es *Swa Bhava* = la naturaleza del Sí mismo.

15. ¿Cuál es la mejor Sadhana que podemos practicar?

Todo está sólo en nosotros. La mejor *Sadhana* que podemos practicar es la de eliminar la obstrucción, vale decir la ignorancia que impide la manifestación de la Divinidad que ya está en nosotros.

No hay maestro ni gurú que pueda hacer que se produzca algo que no esté en nosotros.

Supongamos que cavamos un pozo y encontramos un buen manantial con un abundante aprovisionamiento de agua a una profundidad de cien pies. ¿Qué hemos hecho? No hemos hecho sino remover la tierra hasta una profundidad de cien pies. La tierra estaba ocultando al agua. No hemos creado el agua ni la hemos traído de alguna parte. Estaba ahí todo el tiempo.

Por ende, nuestra *Sadhana* deberá dirigirse hacia el aniquilamiento de la mente que es la que impide la manifestación de la Divinidad presente en nosotros.

16. ¿Cuál es la relación entre mente y pensamiento?

Mente y pensamiento dependen el uno del otro. Mientras la mente está ahí, no le podemos escapar a variadas clases de pensamientos. Si no hubiera mente no habría pensamientos y, viceversa, si no hay pensamientos no habrá mente. Se puede decir que la mente es un atado de pensamientos, con uno de ambos que se vaya, el otro desaparece automáticamente.

17. ¿Por qué hemos olvidado nuestra Divinidad?

La Divinidad está siempre presente en nosotros, pero nos hemos olvidado de ella. ¿Por qué nos olvidamos? Hemos olvidado nuestra Divinidad, debido a nuestra identificación con nuestro cuerpo.

18. ¿Cuáles son los tres tipos de deberes del hombre?

El hombre tiene tres clases de deberes:

Sambandham = relación
Nirbandham = compulsión
Kartavyam = obligación.

19. ¿Qué es Sambandham?

Sambandham es una relación que es voluntaria y opcional. Por ejemplo, deciden organizar una merienda con amigos para el domingo en la tarde. A las cuatro de la tarde se dan cuenta que tienen fiebre alta. Le informan a todos sus amigos que la reunión para el té ha sido postergada.

Este es un caso de *Sambandham*.

20. ¿Qué es **Nirbandham**?

Nirbandham es compulsión. Como ejemplo podríamos decir que el director o jefe de ustedes vendrá para inspeccionar su despacho un día en particular. Les viene una fiebre alta. ¿Qué harán? Correrán a ver a un médico, conseguirán algunas tabletas e irán de todos modos a la oficina de manera compulsiva, pese a los malestares de la fiebre.

Este es un caso de *Nirbandham*.

21. ¿Qué es **Kartavyam**?

Kartavyam es obligación, como cuando tienen que adaptar su conducta para responder a diferentes personas o situaciones conforme a las normas sociales y la etiqueta.

22. ¿Cuáles son las cuatro etapas progresivas en el proceso de la realización de Dios?

Los pasos sucesivos en este proceso son:

1) *Saalokyam*: pensar siempre en Dios y vivir en el mundo espiritual como opuesto al mundo material.
2) *Saameepyam*: acercarse más a Swami o Dios.
3) *Saaroopyam*: llegar a ser alguien como Swami.
4) *Saayujyam*: ésta es la etapa final de convertirse en Swami mismo, vale decir, la fusión completa con Swami, sin traza alguna de dualidad.

23. ¿Cómo podemos elevarnos por sobre todas las diferencias en el mundo?

Todas las diferencias en el mundo no son sino reflejos de nuestra mente. Si desechamos estas "reacciones, resonancias y reflejos" de nuestra mente y encontramos el Corazón o Realidad, entonces desaparecerán todas estas diferencias en nuestros pensamientos, sentimientos y acciones.

Debemos desarrollar una amplitud de pensamiento y de sentimiento para entender la naturaleza del *Atma* infinito.

24. *¿Dios tiene pensamientos y sentimientos de algún tipo?*

Dios no tiene pensamientos ni sentimientos de ningún tipo. Dios no tiene preferencias ni aversiones.

Dios parece responder de acuerdo con nuestros pensamientos, sentimientos, actitudes y acciones, como las de adoración y plegarias de Sus devotos. Dios no se enoja con algunos y se siente complacido con otros. Dios no tiene estados de ánimo que cambien de tiempo en tiempo como lo imaginamos.

Dios no diferencia a una persona de otra sobre la base de su sexo, edad, casta o nacionalidad. Todos ellos son diferencias mundanas pertenecientes al mundo fenoménico y nada tienen que ver con la Divinidad.

25. *¿Los Avatares, tienen algunas "reacciones, resonancias y reflejos" en el mundo fenoménico?*

Los Avatares parecen tener "reacciones, resonancias y reflejos" como resultado de revestirse del cuerpo, sin embargo eso es únicamente para sentar un ejemplo para otros y ayudarlos a reformarse. Esto los ayudará a lograr el tan necesario progreso en su trayecto espiritual.

26. *¿Qué debemos hacer para entender la naturaleza del* Atma *Infinito?*

Para entender la naturaleza del *Atma* Infinito debemos desarrollar la amplitud de pensamiento y de sentimiento. Debemos renunciar a todas las diferencias mundanas como las de hombre y mujer, clase alta y baja, jóvenes y viejos, gentes de un país y de otro. Estas diferencias sólo pertenecen al mundo fenoménico y se basan en la estrechez de miras. Nada tienen que ver con la Divinidad.

Si queremos entender correctamente la naturaleza del Principio Divino o *Atma*, debemos desechar estas diferencias y discriminaciones frívolas y mezquinas.

27. ¿Cuáles son los resultados de enfocar la espiritualidad desde un punto de vista estrecho?

Cuando enfocamos la espiritualidad desde un punto de vista estrecho, pensamos que los rituales de adoración, los *Bhajans* o cantos devocionales, la meditación y otras cosas por el estilo son signos de espiritualidad.

Si entendemos correctamente la naturaleza del Principio Divino o *Atma*, estas prácticas no son sino aberraciones mentales y sirven únicamente para proporcionarnos una satisfacción mental.

28. ¿Cuál es la naturaleza de la Sadhana que debiéramos practicar?

El alabar a Dios diciendo: "Señor, Tú eres mi madre, mi padre y mi amigo", son meras mistificaciones o monsergas. No debemos pensar en Dios dentro de tales relaciones mundanas y físicas.

Simplemente debiéramos decir: "Yo soy Tú. Tú eres Yo. No somos dos sino Uno". Si dijéramos "Nosotros y nosotros somos Uno" se mantiene la dualidad, porque "nosotros" se compone de cuerpo físico y el *Atma* Divino.

29. ¿Cuál es aquella Sadhana que siempre debemos practicar?

Si se han establecido firmemente en la verdad de que "tú eres Dios y Dios es tú" no necesitarían emprender ninguna otra práctica espiritual: deberán vivir en conformidad con la declaración de "Yo y Tú somos uno". Deberán tener una fe inconmovible en la unidad de la Divinidad y afirmar: "'Yo soy Tú. Tú eres Yo. No somos dos sino Uno".

Esta es la única *Sadhana* que siempre deberán llevar a cabo.

30. ¿Cuál es el significado correcto de Swadharma y Paradharma *en su uso en el* Bhagavad Gita *(III-35)*?

Swadharma significa *Atma Dharma*, no el *Dharma* o los deberes correspondientes a las diferentes castas. De manera parecida, *Paradharma* significa *Deha Dharma* o los deberes correspondientes al cuerpo. Debemos entender en este sentido los términos usados en *Gita*: *Paradharma bhayaavahah*. Esto significa que si seguimos el *Deha Dharma*, nuestro sino en la vida será el temor. En tanto que no existirá el temor para nosotros si seguimos al *Atma Dharma*.

Debemos entender bien el sentido de los versos del *Gita* y moldear con ellos nuestra vida.

31. ¿Por qué hemos de permanecer en todo momento establecidos en la Verdad?

Si permanecemos en todo momento establecidos en la Verdad, no sabremos lo que es el pesar. Nunca nos sentiremos afectados por alabanzas o críticas, alegrías o pesares.

Para una persona establecida en la Verdad, la felicidad será la misma en cualquier circunstancia, puesto que estará basada en el *Atma-tatwa*. Esto significa que todo es el *Atma*. Establecidos en la Verdad, no quedará lugar para preocupaciones o ansiedades.

32. ¿Por qué hemos de darle valor a nuestras palabras?

Swami nos ha ordenado: "Ante todo dénle valor a sus palabras". Recuerden que "la Verdad es la vida de una palabra".

33. ¿Quién es Swami?

Swami es la encarnación de la Divinidad. Debemos tratar de entender la Divinidad de Swami.

Swami es el apoyo invariable o *Adhara* de todo lo que cambia: *Adheya*.

34. ¿Cómo podemos obtener la Gracia de Swami?

Podemos obtener la Gracia de Swami si obedecemos implícitamente Sus órdenes. Si acatamos Sus órdenes sin cuestionarlas, Su Gracia se derrama automáticamente sobre nosotros. No necesitamos pedirla especialmente.

Si no recibimos la Gracia de Swami no necesitamos culparlo. Debemos culparnos a nosotros mismos por no actuar según Sus instrucciones.

Capítulo 14

PRACTICA Y PRECEPTO

1. ¿Qué dicen las Escrituras acerca del mundo manifestado?

Dicen que el mundo manifestado en el que vivimos es transitorio. Tanto el ojo que ve como el mundo que es visto no son permanentes. Todo lo que es visible es perecedero: *Yat drisyam tat nasyam*.

La totalidad del mundo manifestado será arrastrada por el río del tiempo.

2. ¿Qué es lo que nos dicen las Escrituras acerca de la riqueza, la mujer, los hijos y los parientes?

Las Escrituras nos dicen que:

1) La juventud se presenta en el medio y se va en el medio.
2) La riqueza es tan momentánea como el relámpago.
3) La mujer, los hijos y los parientes se nos unen en el medio de la corriente de la vida y nos abandonan en el medio de esta corriente.

Antes del nacimiento, ¿quién era la madre y quién era el hijo? Antes del matrimonio, ¿quién era el marido y quién la mujer? Las Escrituras nos dicen que mujer, hijos y parientes son como viajeros que se encuentran en una posada y que parten después de pernoctar.

Por ello debemos recordar que la juventud, la mujer, los hijos y los parientes son todos transitorios.

3. ¿Cuáles son las limitaciones del ojo físico?

Con los ojos físicos no podemos ver sino el mundo denso exterior, mas no la Divinidad interior. Con el *Charma Chakshu* (ojo físico) solamente, el hombre no es mejor que las aves y las bestias. El ojo físico ni siquiera puede ver el cuerpo entero, no puede ver a la mente sutil. Si no es capaz de ver a la mente, ¿cómo podría llegar a ver al *Atma* que es lo más sutil de todo?

El ojo físico no puede sino llevar a cabo actividades mundanas en el mundo fenoménico.

4. ¿Por qué debe el hombre desarrollar el ojo de la sabiduría: Jñana Chakshu?

El ojo de la sabiduría, el *Jñana Chakshu* o *Jñana Netra*, resulta esencial para el hombre para el cumplimiento de la preciosa y sagrada vida humana. El hombre necesita el ojo de la sabiduría para alcanzar el *Atma Jñana*, el Conocimiento de Sí Mismo.

Las Escrituras han declarado que el nacer como un ser humano es un raro privilegio. También han declarado que un hombre carente de *Atma Jñana* se iguala a un animal.

5. ¿Por qué nos exhortan las Escrituras a llenar nuestra visión con Jñana?

Las Escrituras nos exhortan a llenar nuestra visión con *Jñana* o sabiduría, porque así veremos a la creación *(Shrishti)* llena de *Brahman*, el Absoluto Supremo.

Y únicamente cuando lleguemos a la firme fe de que todo es *Brahman, Sarvam Brahman*, veremos a todo el Universo como *Brahman*.

6. ¿Cuál es la característica de todas las cosas en el mundo visible?

En el mundo visible, la característica de todas las cosas es que están sujetas al cambio.

7. ¿Cuál es el sustrato que sostiene al Universo cambiante?

Ese sustrato es el Principio Divino invariable: *Brahman*.

8. ¿Cómo podemos entender el secreto del Universo total?

Podemos entenderlo tan sólo si entendemos la naturaleza de *Brahman*.

9. ¿En qué reside la causa de nuestra incapacidad para entender la naturaleza real del Universo?

La mente es la causa de nuestra incapacidad para entender la naturaleza real del Universo. La característica de la mente es *Pravritthi* u orientación hacia lo externo.

10. ¿Cuál es el propósito para el que nace el hombre?

Ese propósito es el de realizar a Dios. El realizar a Dios es religión. (En el sentido etimológico de "religare" = volver a unir - N. de la T.)

11. ¿En qué forma desperdicia su vida el hombre?

El hombre está desperdiciando su vida de día y de noche buscando la adquisición de cosas como casas, tierras, vehículos, riqueza y otras de las llamadas "propiedades". Mas ellas no son "propiedades" adecuadas para el hombre.

¿Es que el hombre nace para estas trivialidades?

No. No. No. Su tarea primordial en la vida es la de realizar a Dios. El hombre debe realizar a Dios, sentir a Dios, ver a Dios y hablarle a Dios.

Esto es realización. Esto es religión. Para nada sirve que uno lo sepa todo acerca de todo lo demás, pero no conozca a Dios.

12. Explique la declaración del Gita (VII-10) en cuanto a que Dios es la simiente de todos los seres.

Dios es la simiente que ha hecho que surja todo este vasto Universo. Cada país es una rama de este árbol. En cada rama hay un sinnúmero de frutos, vale decir diferentes clases de seres vivientes, cada uno de los cuales lleva dentro de sí la semilla de la Divinidad.

Esto significa que Dios está dentro de cada ser en la forma de *Atma*. Los estudiantes de hoy no hacen esfuerzo alguno por reconocer esta sutil verdad tras el Universo denso.

13. ¿Cuál habría de ser la meta de la vida para los estudiantes?

La meta de la vida para los estudiantes debería ser la de reconocer la verdad sutil tras el Universo material denso. Esta meta de la vida es más importante que la de ganarse la vida. Los estudiantes debieran reflexionar al respecto.

14. Según los Vedas, ¿cómo puede obtenerse la inmortalidad?

Según un importante *mantra* de los *Vedas (Kaivalyopanishad)* la inmortalidad sólo se puede obtener por la renunciación o *Tyaga*.

La inmortalidad no se alcanza ni por las buenas acciones, la progenie o la riqueza.

15. ¿Qué significa la palabra "renunciación"?

Renunciación no significa que uno deseche a la mujer, los hijos, la casa o propiedades. Renunciación significa desechar la falsa idea de que se es el cuerpo y absorber la idea de que se es el *Atma*.

Sólo así se puede alcanzar la liberación o *Moksha*.

16. ¿Qué significa la palabra "esclavitud" o "servidumbre"?

Significa al engaño de nuestra identificación con el cuerpo. El apartarnos de la conciencia corporal o *dehavikrathi* nos liberará del sufrimiento de la esclavitud.

17. ¿Cómo podemos desechar la conciencia corporal?

Para desechar la conciencia corporal debemos afirmar con fe: "Yo no soy el cuerpo. El cuerpo, los sentidos, la mente y el intelecto son todos mis instrumentos o *upadhis*".

Debemos desechar la conciencia corporal en la misma forma en que nos sacamos la ropa que se ha ensuciado.

18. ¿Qué nos puede dar la dicha del Moksha?

El apego a Dios o *Daiva Aasakthi* nos conferirá la dicha del *Moksha* y de la fusión en Dios.

19. ¿Podemos derivar dicha del cuerpo o la mente?

No. La dicha que logramos con el cuerpo o la mente es momentánea. No hemos nacido para estas alegrías transitorias y triviales. Nos hemos puesto este cuerpo humano para alcanzar la liberación y gozar de la dicha eterna, el *Atmananda*.

20. ¿Cómo podemos descubrir nuestra naturaleza real?

La descubriremos si nos deshacemos del apego y el odio: *Raga* y *Dwesha*. Ambos son como gruesas telas que cubren la dicha en nosotros.

21. ¿Por qué somos incapaces de experimentar la dicha que es nuestra naturaleza misma?

Somos incapaces de experimentar esa dicha, porque está velada por nuestros gustos y desagrados: el sentido del "yo" y "mío", la vacilación y la duda, el agrado y el disgusto.

Se debe sólo al *Ahamkara* que nos apropiemos equivocadamente del sentido de "hacedor" y de "gozador": *Kartritva, Bhoktritva*.

Es una verdadera tragedia que seamos incapaces de experimentar la dicha que nos es inherente por el hecho de no poder desechar:

1) Nuestro *Ahamkara*: nuestra identificación con el cuerpo.
2) Nuestro sentido de "hacedor" y "gozador" - *Kartritva* y *Bhoktritva*.
3) El falso sentido de "yo" y "mío".
4) Nuestros agrados y desagrados (apego y odio) - *Raga* y *Dwesha*.

Pese a que nosotros mismos somos encarnaciones de la dicha, la buscamos en otra parte. Nuestra ignorancia de la Verdad suprema de que sólo nosotros somos la fuente de toda dicha es la que nos hace correr tras mezquinos deseos y ridículos placeres sensoriales en este mundo fenoménico.

22. ¿Cómo podemos experimentar la verdad de nuestra propia Divinidad y dicha?

Llevando a cabo el esfuerzo necesario para experimentar esa verdad.

23. ¿Cuál es la naturaleza y la forma del hombre?

La naturaleza y forma del hombre son:

1) *Nitiyanandam* - dicha eterna.
2) *Brahmanandam* - dicha infinita.
3) *Advaitanandam* - dicha no dual.

24. ¿Por qué es incapaz el hombre de buscar, entender y gozar la dicha suprema, infinita y divina?

El hombre es incapaz de entender y gozar la dicha Divina, porque es seducido por los placeres sensoriales mundanos momentáneos. La dicha así llamada derivada de las cosas materiales está teñida de pesar, a diferencia de la dicha del *Atma* que lo desconoce.

25. ¿Cómo han descripto al Atma los sabios?

Lo han descripto como *Ananda*, dicha eterna, dicha suprema, dicha absoluta, dicha de la sabiduría, dicha que trasciende a los pares de opuestos, dicha pura, dicha que está más allá del alcance de la mente, dicha que trasciende a los tres *Gunas*.

26. ¿Qué es la cosa más importante que el hombre debiera hacer en esta vida?

Lo más importante que debiera hacer es buscar el incalculable tesoro de la dicha que está disponible dentro de él mismo, en lugar de correr alocadamente tras el mundo fenoménico que no le trae sino pruebas y tribulaciones, sufrimientos y pesares.

27. ¿Qué es lo que custodia a la dicha del Atma?

La dicha del *Atma* está custodiada por la terriblemente ponzoñosa serpiente llamada *Ahamkara*.

28. ¿Cuál es la causa fundamental del Ahamkara?

El *Ahamkara* es causado por la equivocada identificación de uno mismo con su cuerpo: *deha-bhraanthi*.

29. ¿Cuáles son nuestras más estimadas posesiones que no nos siguen ni a la tumba?

Las apreciadas posesiones de las riquezas, la posición y el poder son muy transitorias. No nos siguen ni siquiera al sepulcro.

30. ¿Qué es lo que nos acompaña incluso después de la muerte?

Hasta el más allá nos acompañan el bien o el mal que hayamos hecho durante nuestra vida.

31. ¿Cuál es la inviolable ley del Karma?

Esta ley inviolable reza: "Cosecharás lo que hayas sembrado".

32. ¿Qué hemos de hacer antes de embarcarnos en cualquier acción?

Antes de cualquier acción deberíamos preguntarnos: "Soy la encarnación del *Atma* Divino. ¿Es correcto que me embarque en esta acción vil y despreciable?"

33. ¿Cuál será el resultado de hacernos esta pregunta?

Si nos hacemos esta pregunta, practicaremos la automoderación y la autodisciplina. Seremos capaces de mantenernos alejados del mal y de acercarnos cada vez más al *Atma*.

34. ¿En qué forma hemos de hacer uso de nuestros talentos y recursos?

Hemos de hacer uso de ellos para el bienestar del mundo en lugar de lograr un dinero fácil y rápido recurriendo al engaño y la corrupción en aras del interés propio.

35. ¿Cómo deben seguir los estudiantes el ejemplo de Subhash Chandra Bose?

Han de seguir su ejemplo sacrificando, como lo hiciera *Subhash Chandra Bose*, sus intereses egoístas en pro del bienestar de otros. Así alcanzarán al *Paramaartha*, la meta suprema de la vida.

36. ¿Para que están destinadas las Sagradas Escrituras?

Las Sagradas Escrituras como el *Bhagavad Gita*, la *Biblia*, el *Corán* y el *Granth Sahib* no están destinadas para el *paaraayana* o la mera recitación. Están destinadas a la práctica, el *Aacharana*.

Memorizar los setecientos versos del *Gita* y entregar doctos comentarios sobre ellos no es un signo de *Bhakti* o devoción. No es más que una prueba de ostentación.

37. ¿Qué es lo que necesita hoy en día el mundo?

El mundo de hoy necesita hombres de acción = *Aachara manavaas* y no a los de palabras en forma humana = *Aakara manavas*.

38. ¿Cuál es el más alto diploma que deben ansiar los estudiantes?

El más alto de los títulos a que deben aspirar es el de *Amrita Putra* = hijos de la inmortalidad. No puede haber diploma más alto que éste.

39. ¿Cuáles son las virtudes que deben desarrollar los estudiantes?
1) *Desa abhimanam* - amor al país.
2) *Daiva abhimanam* - amor a Dios.
3) *Dharma abhimanam* - amor al *Dharma*.

40. ¿Cuál es la conexión entre Sathya y Dharma?
Sathya (Verdad) y *Dharma* (Rectitud) son interdependientes. No hay *Dharma* más elevado que el *Sathya* y no hay *Sathya* más elevado que el *Dharma*. Los estudiantes deberían tratar de practicarlos en algún grado y difundir los beneficios de *Sathya* y *Dharma* a la sociedad en general.

41. ¿Cuál es la meta para la que debemos emprender cualquier actividad?
La Dicha es la meta para la que debemos emprender cualquier actividad, ya sea mundana o espiritual. La Dicha o bienaventuranza es la meta de todas las religiones.

42. ¿Qué es lo que deben tratar de desarrollar los estudiantes junto con su educación?
Debieran tratar de desarrollar el equilibrio mental y el amor universal.

43. ¿Por qué debieran desarrollar el equilibiro mental y el amor universal los estudiantes?
Al cultivarlos y desarrollarlos, los estudiantes pueden experimentar la Unidad en la diversidad.

Capítulo 15

EL ASCENSO DEL HOMBRE

1. ¿Qué nos hacen recordar las cosas bellas que vemos en el Universo?

Las cosas bellas que vemos en el Universo nos recuerdan a la Fuente de Toda Belleza: al Divino Señor.

La grandeza, grandiosidad y belleza de Dios se ven en las cimas de las altas montañas. El sublime silencio y la suprema paz de Dios pueden encontrarse en remotas florestas y vastos desiertos. El glorioso resplandor y el bello esplendor de Dios se pueden ver en el sol, la luna y las incontables galaxias en el cielo.

El amor y la creatividad de Dios se pueden encontrar reflejados en los habitantes de las aldeas, pueblos y ciudades que adornan al mundo.

2. ¿Cómo describen a Dios las Upanishads?

Lo describen como *Sathyam, Shivam, Sundaram* = Verdad, Bondad, Belleza.

3. ¿Cuál es el adorno del género humano?

El género humano se adorna con *Maanavatvam* o cualidades humanas, las que son indispensables para la sociedad humana.

El desarrollo de las cualidades humanas es lo más esencial para cada hombre, sea cual fuere su posición en la vida. El desarrollo de la sociedad, el estado y la nación es proporcional al desarrollo de *Maanavatman* o el estado humano.

Si se perdieran las cualidades humanas, se perdería el honor de la sociedad, del estado y de la nación.

4. ¿De qué depende el honor del género humano?
El honor del género humano dependerá de su moralidad y su integridad.

5. ¿Qué cualidades deben desarrollar los estudiantes de hoy en día?
Deben desarrollar y fomentar las cualidades humanas.

6. ¿En qué tipo de ambiente pueden crecer con fuerza los valores humanos?
Los valores humanos como la moralidad y la integridad pueden prosperar sólo en un ambiente espiritual.

7. Explique la importancia de la moralidad y la integridad para el hombre.
Moralidad e integridad representan la plenitud del carácter y la conducta. Ambas elevan al hombre a un nivel más alto.

Sólo la moralidad y la integridad son los templos reales y eternos de Dios. En la actualidad, la necesidad suprema del país y el mundo la constituye la moralidad. Es extremadamente necesario que se la observe en todos los lugares y situaciones.

8. ¿Cómo se logra la moralidad?
Se logra a través del control de los sentidos. Sólo cuando hay armonía entre las palabras y las acciones de uno, se pueden alcanzar grandes cosas en la vida.

En la sociedad moderna no existe concordancia entre palabras y obras.

9. ¿Cómo podemos llamar a un hombre que practica lo que predica?

Aquel que practica lo que predica no es un hombre común: es un gran hombre, un *Mahatma*.

10. ¿Qué podemos decir de un hombre que dice una cosa y hace otra?

Aquel que dice una cosa y hace otra no es más que una bestia, no un hombre.

11. ¿Qué es Sathyam?

Sathyam es la armonía entre las palabras y las acciones de uno.

12. ¿Qué es Ritam?

Ritam es la armonía entre los pensamientos, las palabras y los actos de uno.

13. ¿Qué es Samyama?

Samyama es autorrestricción o control de los sentidos. Sólo el hombre es capaz de *Samyama*.

14. ¿Qué es Damam?

Damam es el control de los órganos sensoriales.

15. ¿Con qué nombre se conoce a la persona que ha logrado el Damam?

Aquel que ha alcanzado el *Damam* es llamado un *Daanta*.

16. ¿Por qué hay escasez de Ananda o dicha en este mundo?

Hay escasez de *Ananda* o dicha, porque las gentes

no practican la autorrestricción o *Samyama*. También disminuye la práctica del *Vedanta*. El *Vedanta* ha quedado confinado hoy en día únicamente a la oratoria y la ostentación.

17. *¿En qué habría de convertirse cada estudiante?*

Cada uno debiera convertirse en un *Daanta:* una persona que ha logrado el *Damam* o control de los órganos sensoriales.

18. *¿Cuáles son las faltas de los estudiantes de hoy?*

Los estudiantes están llegando a saturarse de egoísmo, orgullo y ostentación, incluso antes de adquirir conocimientos. Ni siquiera se han dado cuenta de la necesidad de que haya disciplina y obediencia.

Los estudiantes no saben cómo hablar ni comportarse con sus mayores.

Los jóvenes de hoy se inclinan a las conversaciones frívolas. Son alérgicos a las palabras buenas y amables.

La espiritualidad es materia de ridiculización para ellos. Tampoco son capaces de entender el propósito de la educación.

Los estudiantes no debieran olvidar que la educación está destinada a ayudarlos a alcanzar la meta de la vida.

19. *¿Cuál es la razón de las faltas de los estudiantes de hoy?*

La razón de esas faltas estriba en que padres y docentes no están sentando para ellos los ejemplos correctos.

20. *¿A qué debieran adherir estrictamente los estudiantes?*

Deben adherir estrictamente a la moralidad y a la

integridad al cumplir con sus deberes. No deben rebajarse ni dejarse arrastrar hacia prácticas inmorales como la corrupción y el engaño.

Debieran recordar también que la bondad y la maldad dependerán del uso que hagamos de nuestro dinero.

21. ¿Cómo debemos usar el conocimiento que aprendemos y el dinero que ganamos?

Tanto el conocimiento adquirido como el dinero ganado han de ser empleados para el bien de la sociedad. De lo contrario serán tan inútiles como el polvo bajo nuestros pies.

Debemos pagar la deuda que mantenemos con la sociedad que ha contribuido a nuestra educación y nuestras ganancias. Este es el servicio o *seva* real.

22. ¿Cuál parece ser el ideal de la vida de hoy?

El ideal de la vida de hoy parece ser el ganar y acumular. El espíritu de sacrificio parece estar ausente entre los estudiantes actuales.

23. ¿Qué debemos sacrificar?

No debemos sacrificar dinero únicamente, sino también nuestras malas cualidades. El desechar malas cualidades es el sacrificio o renunciación verdaderos. Sólo al desembarazarnos de nuestras malas tendencias podemos hacer que florezca nuestra personalidad plena.

24. ¿Cuál es la gran tarea del hombre?

La mayor de las tareas del hombre es la de vivir como un ser humano.

25. ¿Cómo ha sido aplastada la humanidad en el hombre?

Lo humano en el hombre ha sido aplastado hasta

extinguirlo por los *Arishdavarga*: los seis enemigos internos: *Kama, Krodha, Lobha, Moha, Mada* y *Matsarya* o deseo, ira, codicia, engaño, orgullo y celos o envidia.

26. ¿Cómo puede el hombre irradiar su resplandor en la sociedad?

Podrá irradiar su resplandor en la sociedad sólo cuando se haya deshecho de sus dieciséis malas cualidades.

27. ¿Cuáles son las dieciséis malas cualidades en el hombre?

Son las siguientes:

1) Los *Arishdavarga*: los seis enemigos internos.
2) Los ocho tipos de orgullo.
3) Las cualidades de *Rajas* y *Tamas*.

Además, el hombre deberá renunciar también al sentido de hacedor y de gozador: *Kartritva* y *Bhoktritva*.

28. ¿Cuándo podemos recibir la Gracia de Dios y la ayuda que necesitamos?

Podemos recibirlas cuando:

1) Nos dediquemos a las buenas acciones.
2) Le dediquemos todas nuestras acciones a lo Divino.

29. ¿A quién le dedicó Potanna, el gran poeta y devoto, el Bhagavatham en telugu que escribiera?

El gran devoto y poeta *Potanna*, le dedicó su *Bhagavatham* en *telugu* al Señor *Rama* diciendo que El era el verdadero escritor y él sólo un instrumento en las manos del Señor *Rama*.

30. ¿Cuál es la importancia espiritual del verso dedicatorio de Potanna?

La importancia espiritual reside en que es una reiteración del *Mahavaakya*: *Tat Twam Asi* = Eso Tú Eres. *Tat* representa al Divino Señor *Rama;* *Twam* o *Tu* representa al poeta-devoto *Potanna*, y *Asi* o Eres representa al libro *Bhagavatham*. En otras palabras, *Bhagavan, Bhakta* y *Bhagavatham* o Dios, el devoto y el escrito son uno.

31. ¿Cuál es el significado espiritual de la palabra Bhagavatamu?

Bha-ga-va-ta-mu = *Bha* representa a *Bhakti; Ga* a *Gñana* o *Jñana* o sabiduría; *Va* representa a *Vairagya* o renunciación; *Ta* representa a *Tatwam* o realización y *Mu* representa a *Mukti* o liberación.

También puede considerarse que las cinco sílabas indican:
1) los cinco elementos
2) los cinco sentidos
3) las cinco envolturas o *Pancha Koshas*
4) los cinco aires o *Pancha Pranas*.

32. ¿Por qué es incapaz el hombre de gozar de paz o dicha?

Es incapaz de gozarlas por estar centrado en sí mismo. El hombre piensa hoy sólo en sí y en su familia, ignorando a la sociedad.

33. ¿Qué es lo que prevalece entre los llamados devotos?

Un mezquino egoísmo prima entre los pretendidos devotos. El devoto piensa en sí mismo y en su trabajo en primer lugar y, si es que lo hace, piensa en Dios y en Su Obra en segundo término.

34. ¿Qué deben desarrollar los estudiantes?

Los estudiantes de hoy deben desarrollar buenas cualidades, sin las cuales no podrá haber paz ni para ellos ni para la sociedad.

35. ¿Con qué se pueden comparar los Brahmacharis, los jefes de familia y los Vanaprasthas?

Los *Brahmacharis* (célibes) se pueden comparar con los cimientos de la mansión de la vida. El jefe de familia se puede comparar con los muros de la casa. El *Vanaprastha* (recluso) al techo. Si los cimientos no son seguros, se derrumbará la mansión. Por eso es que los estudiantes deben desarrollar buenas cualidades, sin las cuales no habrá paz ni para ellos ni para la sociedad.

36. ¿Cuál era la diferencia entre la fórmula de los Kauravas y la de los Pandavas?

La fórmula de los *Kauravas* era: "Primero yo, luego el mundo y, al final, Dios".

La fórmula de los *Pandavas* era: "Primero Dios, luego el mundo y último yo". De ahí que resultaran victoriosos.

37. ¿Cuál es la necesidad primordial del hombre?

La necesidad primordial del hombre es matar a su ego.

38. ¿Cuál debe ser el resultado de la verdadera educación?

La verdadera educación debe dar por resultado la humildad.

39. ¿Qué debieran santificar los estudiantes?

Los estudiantes debieran santificar sus vidas, sus cuerpos, su juventud, su tiempo y sus acciones.

40. ¿Cuál es la relación entre orgullo y espiritualidad?

Orgullo y espiritualidad son los extremos opuestos de un balancín. Si sube el orgullo, la espiritualidad baja y si sube la espiritualidad, baja el orgullo.

41. ¿Por qué se olvida el hombre de su Divinidad?

Olvida su Divinidad debido a su *Ahamkara,* la falsa identificación de sí mismo con el cuerpo. Llegar a reconocer la propia Realidad de Uno es el verdadero *Shakshatkara* o realización.

42. ¿Cómo debiera mejorarse el hombre?

El hombre debiera mejorarse cambiando su carácter. Si no hay cambio en el carácter del hombre, todas sus prácticas espirituales como *japa,* meditación, *yoga, karma, seva,* no servirán a propósito alguno.

Es la mente y no el hombre lo que debe cambiar. El cambio de carácter es más importante que el cambio de ropa.

43. ¿Cuáles son las tres cosas que no deben olvidar nunca los estudiantes?

No deben olvidar jamás a *Sathya, Dharma* y *Nyaaya* = Verdad, Rectitud y Justicia.

Los estudiantes deberán restablecer estos valores llevando realmente a la práctica lo que han aprendido en este Curso de Verano.

44. ¿Qué es lo que habrían de cultivar y qué habrían de desechar los estudiantes?

Han de cultivar:

1) el amor a su país
2) el amor a su cultura
3) el amor a su religión
4) la amplitud de miras.

Han de desechar:

1) la crítica a otros países o el odio hacia ellos
2) la crítica o el odio por otras culturas
3) la crítica o el odio por otras religiones o personas
4) la estrechez de miras.

45. ¿Por qué deben siempre rogar los estudiantes?

En sus oraciones siempre deben rogar por el bienestar de todo el mundo:

Lokaasamastah Sukhino Bhavantu
Haz que todos los mundos sean felices.

46. ¿Qué debieran desarrollar los estudiantes?

Deben desarrollar el amor por Dios. No deben desechar la devoción por Dios ni perder la fe en Dios, aunque estén en dificultades.

Los estudiantes deben considerarlo todo: dolor y placer, pérdida y ganancia, alegría y pesar como dones Divinos o la Gracia de Dios: el *Prasadam* de Dios.

47. ¿Qué es lo que no deben olvidar nunca los estudiantes?

No debieran olvidar jamás entonar el Nombre de Dios en cualquier circunstancia. El Nombre de Dios es la única barca confiable para llevarnos por el río de la vida.

Capítulo 16

SABIDURIA VEDICA

1. ¿Cuál es la peor enfermedad, el mayor enemigo, el mayor pesar y la más grande felicidad?

No hay enfermedad peor que la codicia.
No hay enemigo mayor que la ira.
No hay pesar mayor que la pobreza.
No hay más grande felicidad que la sabiduría.

2. ¿En qué se convierte el Jñani que ha realizado "Estoy en la Luz - la Luz está en mí - Yo soy la Luz"?

El *Jñani* que ha llegado a realizarlo ciertamente se convertirá en uno con *Brahman*.

3. Explique el significado de la palabra Veda.

La palabra *Veda* deriva del término sánscrito *"Vid"* que significa conocimiento o *Jñana*.

Veda significa *Iswara Jñana*: conocimiento de Dios
  Atma Jñana: conocimiento del Sí Mismo
  Brahma Jñana: conocimiento del Absoluto Supremo
  Adwaita Jñana: conocimiento no dual
  Vijñana: el conocimiento supremo.

El *Veda* es una casa del tesoro de sabiduría. Todas las ramas del saber tienen su origen en El. Todo *Dharma* y virtud han brotado del *Veda*. El *Veda* es infinito, insondable, indefinible y bienaventurado.

4. ¿Cuál es la división de los **Vedas**?

El sabio *Vyasa* dividió los *Vedas* en cuatro volúmenes: el *Rig Veda*, el *Yajur Veda*, el *Saama Veda* y el *Atharvana Veda*.

5. ¿Cuáles son los tres **Kandaas** de los **Vedas**?

Cada uno de los *Vedas* está dividido en tres *Kandaas* o Cantos:

1) *Karma Kaanda* que trata de los rituales y otras acciones.
2) *Upaasana Kaanda* que trata de la devoción.
3) *Jñana Kaanda* que trata de la sabiduría.

Estas tres divisiones representan los pasos progresivos en la evolución del hombre. El *Karma yoga* lleva al *Bhakti yoga*. El *Bhakti yoga* lleva al *Jñana yoga*.

6. ¿Qué es **Vedanta**?

El fin de cada uno de los *Vedas* es *Upanishad*. Las *Upanishad*s son llamadas *Vedanta*. Las *Upanishads* le han dado nombre a las tres divisiones o sendas del *Karma*, *Upaasana* y *Jñana* en cuanto *Yogas*.

7. ¿Cuál es la esencia de los tres **Yogas: Karma Yoga, Upaasana Yoga** y **Jñana Yoga**?

La esencia del *Karma Yoga* es dedicarle todas nuestras acciones a Dios y llevar a cabo todas nuestras acciones como ofrendas al Señor, para Su complacencia.

La esencia de *Upaasana Yoga* consiste en amar a Dios de todo corazón y con el *Trikarana suddhi*, es decir, la armonía y pureza de pensamiento, palabra y obra. El amar a Dios como medio para lograr deseos mundanos no es real *Upaasana Yoga*. Debe ser amor por amor.

La esencia del *Jñana Yoga* consiste en considerar a todo el Universo como la manifestación de Dios. Creer que la Divinidad reside en todos los seres en la forma del *Atma*, es lo que se llama *Jñana*.

8. *¿Cómo puede haber Unicidad habiendo tantos nombres y formas?*

Para entender esta Unicidad consideremos el ejemplo del océano. En el océano hay un número incalculable de olas, cada una difiere de la otra en tamaño, conformación, etc. Parece que no hubiera conexión alguna entre una ola y la otra. Sin embargo, un poco de reflexión nos revelará el hecho de que las diferentes olas son todas la manifestación del mismo y único océano de agua.

Del mismo modo, todos los diferentes nombres y formas en el Universo son las olas o manifestaciones del mismo y único océano de *Sat-Chit-Ananda* = Existencia-Conciencia-Dicha. Por ende, la esencia de todos los seres manifestados no es sino *Sat-Chit-Ananda*, a pesar de las diferencias aparentes en nombres y formas y en su conducta.

9. *¿Qué es el* Bhagavad Gita*?*

El *Bhagavad Gita* es la esencia de las *Upanishads*. El *Bhagavad Gita* llegó a la existencia después de las *Upanishads*.

El *Bhagavad Gita* trata de las tres sendas del *Karma*, el *Upaasana* y el *Jñana* en tres *Shatkas* o partes, cada una de las cuales consta de seis capítulos, conformando un total de dieciocho capítulos. Puede decirse que los *Vedas* hicieron aparecer a las *Upanishads* y éstas al *Bhagavad Gita*.

El *Bhagavad Gita* representa una guía práctica para la conducta humana. Es la Palabra de Dios y, por ende, es una escritura universal. Hay un solo Dios para todos.

10. ¿Cómo han sobrevivido los Vedas hasta hoy?

Los *Vedas* no son libros en el sentido usual del término. Los *Vedas* son llamados *srutis* o conocimiento adquirido a través del oído. Han llegado hasta nosotros desde tiempos inmemoriales a través de una sucesión de Gurúes y discípulos mediante el proceso de ser escuchados. Los Gurúes solían cantar los *mantras* con entonaciones particulares prescriptas con este propósito. Estas eran escrupulosamente acatadas por los discípulos.

11. ¿Cuáles eran las transgresiones que les estaban prohibidas a los discípulos?

Estas transgresiones eran cinco:

1) *Alakshyam* - negligencia
2) *Avinayam* - desobediencia
3) *Ahamkaram* - ego
4) *Asooya* - celos o envidia
5) *Asabhyata* - falta de etiqueta social

Si cualquier discípulo era culpable de haber cometido alguna de estas transgresiones, era expulsado de las clases.

12. ¿Quién era el principal de los discípulos del sabio Vyasa?

El principal de sus discípulos era *Vysampayana*.

13. ¿Qué hizo Vysampayana después de completar sus estudios?

Estableció un *Gurukulam* por su cuenta en su casa para enseñarle los *Vedas* a sus discípulos.

Un discípulo llamado *Yajnavalkya* se unió a este *Gurukulam*. Aunque *Yajnavalkya* poseía un intelecto agudo y aprendía rápidamente sus lecciones, desarrolló *Ahamkaram, Alakshyam* y *Asabhyata*.

14. ¿Qué le sucedió a Yajnavalkya?

Su Gurú *Vysampayana* ordenó a *Yajnavalkya* que abandonara de inmediato el *Gurukulam* y que, también, le devolviera todo lo que había aprendido de su Gurú.

Consecuentemente, *Yajnavalkya*, quien reconocía sus flaquezas, vomitó todo lo que había aprendido de su Gurú. Sus vómitos fueron comidos por pájaros *Tittiri* y ellos comenzaron a cantar la *Upanishad* que, por eso, fue nombrada como la *Taittireeya Upanishad*.

15. ¿Cómo siguió la historia de Yajnavalkya después de que abandonara el Ashram de su Gurú?

Yajnavalkya se arrepintió sinceramente de sus errores. Renunció a comer y a beber y practicó el *Suryopasana*: la adoración del Sol, soportando severas austeridades como penitencia.

El Dios-Sol le volvió a enseñar los *Vedas*. El *Veda* que le enseñara a *Yajnavalkya* el Dios-Sol se conoció con nombre de *Sukla Yajurveda* o *Aditya Kaanda*.

16. ¿Cuáles son las enseñanzas de Yajnavalkya?

Los ancestros de *Yajnavalkya* solían llevar a cabo distribuciones gratuitas de alimentos. De modo que él le dio una importancia primordial al *Anna-Daanam* en sus enseñanzas. Ellas incluían lo siguiente:

1) No hay don mayor que el don del alimento.
2) No hay Dios superior a los padres.
3) No hay verdad superior al *Japa* y *Tapas* o la recitación del santo nombre y la penitencia.

4) No hay *Dharma* superior a la compasión.
5) No hay ganancia mayor que la compañía de los buenos.
6) No hay enemigo más peligroso que la ira.
7) No hay enfermedad más seria que el endeudamiento.
8) No hay muerte más horrible que la mala fama.
9) No hay riqueza más valiosa que la fama.
10) No hay adorno más hermoso que el *Smaranam*: el recordar a Dios por medio de la entonación de Sus nombres.

Yajnavalkya enfatizó en sus enseñanzas a sus discípulos la enorme importancia de servir a los padres y al Gurú, así como el *Anna-Daanam* o la gratuita distribución de alimentos.

17. ¿Cuáles son las cinco cosas que debe evitar un estudiante?

Deberán evitar lo siguiente:

1) La indiferencia a lo que les enseñan el Gurú, los padres u otros mayores.
2) La desobediencia al Gurú, a los padres y los mayores.
3) El *Ahamkaran* o ego.
4) Los celos o la envidia frente a otros en mejor situación.
5) Violar la etiqueta social o el decoro.

18. ¿Qué se le ha enseñado a los estudiantes durante el Curso de Verano de los últimos quince días?

En el Curso de Verano se ha enseñado a los estudiantes la esencia del sagrado *Vedanta*. Lo que se les ha dado es el néctar obtenido del extracto de todas las Sagradas Escrituras, los *Shastras,* los *Puranas* y los *Ithihasas*.

19. ¿Cuál es la senda que habrán de tomar los estudiantes después de completar sus estudios?

Los estudiantes habrán de transitar la senda de *Sathya* y *Dharma*, la Verdad y la Rectitud y llevar vidas ejemplares. En ninguna circunstancia deberán desviarse de esta senda ideal. Su educación secular deberá ir de la mano con su educación espiritual.

20. ¿Por qué son inmensamente afortunados los estudiantes de este Curso de Verano?

Son muy afortunados, porque de los varios millones de gentes en el mundo, solamente ellos (los estudiantes) que son unos pocos cientos, han podido obtener el beneficio de la dorada oportunidad de seguir este Curso de Verano.

21. ¿Cuál es la causa principal de todos los problemas actuales?

La falta de confianza en sí mismo es la causa principal de los problemas actuales, como el juego sucio, la injusticia, las pérdidas, los fracasos, el pesar y el dolor.

22. ¿Cuáles son los beneficios que produce desarrollar la confianza en uno mismo?

Si desarrollamos confianza en nosotros mismos, ello nos brindará, a su vez, autosatisfacción. Sin autosatisfacción no podemos sentir contento. Una vez que hayamos logrado la autosatisfacción, automáticamente estaremos preparados para el autosacrificio. Y en donde haya autosacrificio, habrá Autorrealización.

23. ¿Qué deberá emprender cada estudiante?

Cada estudiante deberá emprender *Satkarmas* o buenas acciones.

Las buenas acciones llevarán al *Chitta Suddhi*, la pureza de la mente. En donde haya pureza mental se producirá el *Jñana Siddhi* o amanecer de la sabiduría. Todo ello está sólo dentro de nosotros. No necesitamos buscarlo afuera.

Tomen el ejemplo de un reloj de pared. El segundero se puede comparar a los *Satkarmas*, las buenas acciones que llevamos a cabo. El minutero representará al *Chitta Suddhi*, la pureza de la mente. El *Chitta Suddhi* es la etapa del *Upaasana* en que nos dedicamos a amar a Dios y a adorarle de diversas maneras por un cierto período de tiempo. Todo esto llevará al *Atma Viswasa*, la confianza en uno mismo. Y ella representará a la manecilla horaria.

Los movimientos perceptibles del segundero y el minutero deben producir el imperceptible movimiento de la otra manecilla, la horaria.

Así también, las buenas acciones y el amor a Dios nos llevarán al *Atma Viswasa* o a la Confianza en nosotros mismos.

24. ¿Cuáles son las cualidades que Dios toma en cuenta?

A Dios le importa únicamente la sinceridad y la pureza de nuestra mente y nuestro corazón, y lo pleno y genuino que sea nuestro amor por El. Dios no considera lo acaudalados o eruditos que seamos.

25. ¿Qué debiéramos hacer cada vez que tengamos tiempo?

Cada vez que tengamos tiempo, deberíamos escoger y practicar al menos uno de los nueve modos del *Bhakti*, acerca de los cuales hemos estudiado.

26. ¿Cómo hemos de pasar toda nuestra vida?

Debiéramos pasar toda nuestra vida teniendo frente a nosotros los ejemplos de:

1) *Valmiki* que era un cazador.
2) *Nanda* que era un intocable.
3) *Dhruva* y *Prahlada* que eran meros infantes de cinco años.
4) *Kishela* que era un pobre.
5) *Sabari* que era una mujer de tribu, analfabeta e incivilizada.

Todos ellos, por su devoción, amor y entrega de todo corazón a Dios, recibieron en abundancia la Gracia del Señor.

Debiéramos seguir el ejemplo de *Sabari* que siempre pensó en *Sri Rama* y Su felicidad y le dedicó todos sus pensamientos, palabras y actos tan sólo a El, tanto que cada acción suya fue transformada en los más elevados *Tapas* o penitencia.

Del ejemplo de *Sabari* debemos aprender que nuestra vida entera debe ser una continua meditación, en dondequiera que nos hallemos y sea lo que fuere que hagamos.

Cualquier cosa que ingiramos ha de serle ofrecida a Dios como *Naivedyam* u ofrenda sagrada. Si le ofrecemos todo al Señor de esta manera, evitaremos caer en malas acciones y entrar por mal camino en la vida.

Los estudiantes han de practicar con sus manos lo que hayan escuchado por el oído, para que santifiquen así sus vidas y contribuyan su parte para hacer brillante y próspero el futuro de su país.

Apéndice Uno

DIVINO DISCURSO DEL DIA DE GURU POORNIMA
7 de julio de 1990

1. ¿En qué forma aparece el mundo fenoménico para el hombre que ha llegado a la Autorrealización y para el que no la ha logrado?

Al hombre que no ha alcanzado la Autorrealización el mundo fenoménico le parece real. Después de haber logrado la Autorrealización, le parece ser un sueño.

2. ¿De qué está hecha la personalidad humana?

La personalidad humana está hecha de:

1) el cuerpo denso
2) el cuerpo sutil
3) el cuerpo causal.

3. ¿Cuáles son las cinco envolturas que esconden al Atma?

Las cinco envolturas que cubren al *Atma* son:

1) *Annamaya kosha* - cuerpo denso.
2) *Pranamaya kosha* - cuerpo sutil.
3) *Manomaya kosha* - cuerpo sutil.
4) *Vijñanamaya kosha* - cuerpo sutil.
5) *Anandamaya kosha* - cuerpo causal.

4. ¿De qué envolturas están hechos los cuerpos denso, sutil y causal?

El cuerpo denso está hecho del *Annamaya kosha*.

El cuerpo sutil está hecho de:

1) el *Pranayama kosha* que consiste en los *Pancha Pranas*
2) el *Manomaya kosha*
3) el *Vijñanamaya kosha*.

El cuerpo causal está hecho del *Anandamaya kosha*.

5. ¿Cuándo se revela el cuerpo sutil?

El cuerpo sutil se revela en el estado del soñar. Las experiencias del estado de sueño se limitan a uno mismo y configuran un mundo nuevo invisible para otros. Diez personas que duerman en una habitación pueden tener diez sueños diferentes. La mente crea su propio mundo de formas y experiencias imaginarias en un sueño.

6. ¿Cuál es la base para los estados de vigilia y de sueño?

Para ambos, la base es la mente.

7. ¿Cuáles son los diferentes aspectos de la mente y cómo se los llama?

Los diferentes aspectos de la mente llevan distintos nombres:

1) Se la llama *Manas* o mente cuando da origen a pensamientos y sentimientos.
2) Se la llama *Chitta* cuando recuerda experiencias pasadas.
3) Se la llama *Buddhi* o intelecto cuando discrimina y decide.
4) Se la llama *Ahamkara* cuando se identifica a sí misma con el cuerpo.

Estas cuatro no son entidades diferentes. Son sólo diferentes nombres por los que se llama a la mente cuando lleva a cabo diversas funciones.

8. ¿Cuáles son los tres diferentes estados de la existencia del hombre?

Son los siguientes:

1) *Jagrat* o estado de vigilia.
2) *Swapna* o estado del soñar.
3) *Sushupti* o estado de sueño profundo.

La mente funciona en los estados de *Jagrat* y de *Swapna*. En el estado de sueño profundo no hay mente y, por ende, no hay un mundo con sus alegrías y pesares. El hombre se recrea y disfruta tanto de estos tres estados que se olvida del Sí Mismo que es la base para todas las experiencias. Está absorto en el complejo de cuerpo-mente-intelecto y pierde de vista al Sí Mismo.

9. ¿Cuál es la base para las innumerables formas humanas que vemos?

Las innumerables formas humanas que vemos no son más que olas del océano de *Sat-Chit-Ananda* o Ser-Existencia-Dicha. Las olas del océano son infinitas, pero su base la constituye una sola agua. Del mismo modo, las formas humanas son muchas, mas su base es una sola: el océano de *Sat-Chit-Ananda*.

10. ¿Qué es el **Anandamaya kosha**?

El *Anandamaya kosha* es la envoltura de la dicha. Representa al cuerpo causal y es un reflejo de la dicha del Sí Mismo.

11. Explique la importancia del Sí Mismo en el hombre.

El cuerpo, la mente y el intelecto del hombre funcionan gracias al Sí Mismo. El vasto Universo es activado por el Sí Mismo único.

La acción del complejo de cuerpo-mente-intelecto en el hombre no afecta al Sí Mismo. La luz del sol es empleada por algunas personas para llevar a cabo obras virtuosas y por otras, para malas obras. Sin embargo, nada de ello afecta al sol, el que no es sino un testigo de todas las acciones del hombre.

12. ¿En qué forma es responsable la mente de la esclavitud del hombre?

La mente es responsable debido a la falsa identificación del hombre con su cuerpo. Como resultante, el hombre experimenta la diversidad en la Unidad.

Cuando la mente es destruida, el hombre experimenta la Unidad en la diversidad y comienza a irradiar el Sí Mismo.

13. ¿Cómo puede escapar el hombre al ciclo de nacer y morir?

Puede escapar del ciclo de nacimiento y muerte trascendiendo las cinco envolturas que cubren al Sí Mismo o *Atma*, o el "Yo" real en el hombre.

Las cinco envolturas pueden ser trascendidas mediante los procesos de escuchar *(sravana)*, de la contemplación *(manana)* y de la experiencia directa *(nidhidyasana)*. Estas envolturas son como la cascarilla que cubre un grano de arroz. Mientras permanece intacta, el grano brotará. Más cuando es eliminada la cascarilla golpeando los granos, éstos nunca volverán a germinar.

14. ¿Cuáles son las facultades del hombre que son responsables de su esclavitud?

Se diría que estas facultades son el cuerpo, los sentidos, la mente y el intelecto.

15. ¿Cuál es la base para todas nuestras experiencias?

El Sí Mismo es la base para nuestras experiencias. El Sí Mismo satura el mundo. Lo perdemos de vista y pensamos que el mundo nos está entregando las experiencias de alegría y pesar, por ejemplo, o de ganancia y pérdida, de elogio y censura.

16. ¿Cómo podemos lograr la visión del Sí Mismo?

El Sí Mismo tiene luz propia. Brilla por sí mismo. No se requiere otra luz para reconocer una luz brillante. Por lo tanto no hay necesidad de ninguna *Sadhana* especial para realizar al Sí Mismo.

La conciencia corporal del hombre oculta al Sí Mismo al igual que las nubes surgidas gracias al calor del sol ocultan al sol mismo.

Solamente tenemos que reconocer al "Yo" en nosotros. El "Yo" en nosotros es llamado el *Atma*, el Sí Mismo o *Brahma, Aham* o *Hridayam*.

17. ¿Cómo podemos llegar a ser un **Sthitha Prajna** (Gita II-54-72)?

En primer lugar hemos de recordar que todas nuestras relaciones con el mundo son ilusiones. Son como las nubes pasajeras.

Debemos poseer la fe y el amor por Dios o por el Sí Mismo y creer en que el Sí Mismo es nuestro. Debemos desarrollar esta fe, tal como hemos desarrollado fe en nuestro padre, en nuestra madre, en nuestros hijos, en cualquier circunstancia, debido a que creemos que son nuestros.

Sólo entonces podemos convertirnos en un *Sthitha Prajna*, un hombre de sabiduría inalterable, y gozar de dicha eterna.

Hemos de creer que la Divinidad existe en cada cual. Habremos de estar libres de apegos y de odios. Debemos santificar nuestra vida realizando todas nuestras acciones con la Divina sensación de identidad con el *Atma, Brahman* o Dios.

Reconocer la Unidad en la diversidad del mundo es el principio del *Atma*. Debiéramos ofrecerle nuestra mente a Dios y todos nuestros problemas se solucionarían.

18. ¿Por qué está tan lleno de divisiones y disputas el mundo?

Está lleno de disputas y divisiones debido a que en el mundo actual las cualidades humanas han ido en descenso. El hombre ha olvidado la Divinidad en sí mismo y en los demás. El egoísmo y el interés propio que se originan en la conciencia corporal le han abierto el paso a estos apegos y odios.

La mente es la responsable de esta falsa identificación nuestra con el cuerpo. Cuando el "Yo" o *Aham* se enreda con la mente se transforma en *Ahamkara* o ego. El "Yo" libre de la mente es la dicha misma y nos permite reconocer la Unidad de toda existencia.

19. ¿Qué es lo erróneo en la Sadhana que las gentes llevan a cabo hoy día?

Las *Sadhanas* que se practican se hacen a nivel mental para satisfacción mental y todas son ilusiones de la mente.

Llegar a eliminar al "no-yo" es conocer al Sí Mismo. La *Sadhana* real es establecerse en el Sí Mismo o *Atma*, olvidándose del no-yo o *anatma*. Todo el resto de las prácticas son sólo ilusiones mentales.

20. ¿Qué es la mente?

La mente es un conglomerado de deseos. Los aspirantes espirituales y devotos de hoy multiplican sus deseos y no buscan reducirlos y eliminarlos. A menos que nuestros deseos sean eliminados no alcanzaremos la Autorrealización.

21. ¿Cómo podemos transformar al mundo?

Podemos transformar al mundo únicamente si nos transformamos nosotros como individuos. El mundo no es sino un conglomerado de individuos. Por ello es que la transformación individual representa la base para la transformación del mundo.

Por ese motivo, el hombre deberá erradicar en primer lugar lo malo en sí mismo y desarrollar cualidades sagradas.

22. ¿Cómo podemos hacer que el Sí Mismo brille en toda su perfección?

El Sí Mismo brillará en toda su perfección cuando el hombre se haga perfecto. Y el hombre se volverá perfecto cuando haya eliminado los siguientes dieciséis aspectos de la mente:

1) los *Arishdavarga* o los seis enemigos internos del hombre: Deseo, Ira, Codicia, Apego, Orgullo, Celos o Envidia;
2) las ocho clases de orgullo: el que produce el dinero, el saber, la casta, la riqueza, la belleza, la juventud, la posición o autoridad y el espiritual *(Tapas)*;
3) las dos cualidades de *Rajas* y *Tamas*.

En ausencia de estos dieciséis aspectos de la mente, el Sí Mismo brillará en toda su perfección.

23. ¿Quién es un verdadero Gurú?

Un verdadero Gurú será aquel que haya trascendido los tres *Gunas*: el *Gunaateeta* y aquel que no tenga nombre ni forma: *Roopa rahita*.

Un verdadero Gurú puede otorgar el estado de perfección al discípulo.

Dios es el único Gurú verdadero. Sólo Dios puede otorgar la luz de la sabiduría y eliminar toda la oscuridad de la ignorancia. Unicamente Dios trasciende todas las cualidades y formas.

24. ¿Cuál es el **mantra** *real*?

El conocerse a sí mismo es el *mantra* real. Nuestra misma respiración es el *mantra* de *So-Ham* o "Yo soy Aquello".

El cuerpo es el *Yantra* y el corazón es el *Tantra*.

25. ¿Cuál es entonces la **Sadhana** *real*?

El desarrollar la confianza en uno mismo es la real *Sadhana*.

Cada uno de nosotros ha de emprender serios esfuerzos con fe en Dios. Si realizamos los esfuerzos y llevamos nuestra vida como una ofrenda a Dios, El nos concederá toda la guía y culminación.

26. ¿Cómo deberíamos liberarnos de nuestra identificación con el cuerpo y la mente?

Debemos concentrarnos siempre en el *Aham Brahmasmi* o Yo soy Dios. Amen esta Verdad. Nada se puede lograr sin Amor.

Reconozcan el hecho de que son Divinos y que el cuerpo es su instrumento. Participen en todas las actividades de la vida con este convencimiento.

27. ¿Qué es lo que lleva a nacer de nuevo?

Las acciones llevadas a cabo con conciencia corporal llevan a nacer de nuevo y a la servidumbre.

28. ¿Qué es lo que lleva a la liberación?

Las acciones llevadas a cabo con conciencia Divina los liberarán de la servidumbre. Es una flaqueza el pensar que son humanos de modo que pueden cometer equivocaciones. El hombre debiera volverse hacia su interior y reconocer la Verdad. El hombre no debiera cometer equivocaciones.

Todo se alcanza únicamente con la práctica. Desarrollen la fe y practiquen con entusiasmo y valor. Crean que pueden alcanzar y podrán alcanzar cualquier cosa y todo. No se denigren a sí mismos.

29. ¿Cuál es la historia de la piadosa señora en Uttar Pradesh?

Había en *Uttar Pradesh* una piadosa señora que llevaba a cabo grandes actos de caridad, pero que caminaba siempre con la cabeza gacha. Cuando alguien le preguntó: "¿Por qué inclinas la cabeza cuando caminas? Das tanto en caridad, deberías sentirte orgullosa de ti misma". Ella replicó: "Dios me ha dado fortuna con tantas manos y yo doy solamente con una mano. ¿No es motivo para avergonzarme?"

30. ¿Cuáles son las órdenes o mandamientos de Swami que debiéramos seguir?

Las órdenes o mandamientos de Swami que debiéramos seguir son los siguientes:
1. No uses mal tu lengua.
2. No critiques ni te rías de otros.
3. Canta el nombre de Dios.
4. Cree que Dios está en todos y cada uno.
5. Sirve a todos y comprende que el mundo no es más que la forma de Dios.
6. No le encuentres defecto a nadie.
7. Lleva a cabo todas las acciones como ofrendas a Dios y con Amor.

8. Comprométete en actos de caridad y de servicio a la humanidad.
9. Utiliza el cuerpo para el servicio y la mente para la contemplación de Dios.
10. Aprende a hacer sacrifcios.
11. Utiliza tu fortuna para caridad.
12. El hacer penitencia para bien personal es egoísmo.
13. Hasta tus prácticas espirituales debieran ser de ayuda para otros.
14. Ora y trabaja por el bienestar de todos.

Cuando tengan un corazón tan magnánimo, la Divinidad se manifestará espontáneamente en ustedes.

Apéndice Dos

SELECCIONES DE LOS DISCURSOS DE VERANO DE 1990 EN BRINDAVAN

1. Todo el Cosmos ha surgido de la Verdad y se fundirá nuevamente en la Verdad. ¿En dónde habría un lugar fuera del alcance de la Verdad?

2. El requisito principal de la vida del hombre es el ser humano. Sea cual fuere nuestra erudición o posición de autoridad, no hemos de ignorar los valores humanos.

3. Las gentes no llegan a ser sabias por la mera educación.

4. La causa fundamental de la pérdida de la paz y la seguridad radica en el abandono de la Verdad y la Rectitud.

5. La educación correcta para los estudiantes es la manifestación de su Divinidad innata.

6. Uno no debiera albergar odio ni mala voluntad hacia ningún ser viviente.

7. La gente ha dejado de lado el temor al pecado, el amor por Dios y la moralidad en la sociedad.

8. Digan la Verdad. Practiquen la Rectitud. Si protegemos al *Dharma* (rectitud) practicándolo, el *Dharma* a su vez, nos protegerá a nosotros. *Dharma* es la armonía de pensamiento, palabra y acto que determina la purificación de las facultades mentales.

9. Nuestros pensamientos son el resultado del tipo de alimento que ingerimos.

10. Mientras cumplen con sus deberes nunca deben desviarse de la senda spiritual.

11. Como Dios es la base de todo, desarrollen la fe en Dios.

12. El cuerpo debiera ser cuidado adecuadamente hasta haber realizado al *Atma*.

13. El programa de "Límite a los Deseos" tiene cuatro componentes:

    1) No desperdicies alimento.
    2) No desperdicies dinero.
    3) No desperdicies energía.
    4) No desperdicies tiempo.

14. El pasado y el futuro están contenidos en el presente tan sólo. De modo que hagan el mejor uso del presente.

15. Desarrollen la confianza en sí mismos en lugar de la confianza en el mundo.

16. Experimenten la Unidad que subyace a la diversidad en el Universo.

17. Aquello que piensan es lo que llegan a ser. *Yat bhavam tat bhavati.*

18. La alimentación no vegetariana no solamente afecta al cuerpo del hombre, sino que tiene un efecto perjudicial sobre la mente.

19. Para una vida saludable, el hombre no requiere sino de 1.500 calorías en la alimentación diaria. Los jóvenes debieran estar satisfechos con 2.000 calorías diarias.

20. Los dos sentimientos de "Yo" y "Mío" son los únicos responsables de todos los problemas y males que dominan en la sociedad.

21. Traten tanto lo bueno como lo malo con la misma actitud mental.

22. Al desarrollar una devoción y entrega convergentes en Dios, pueden, ciertamente, ser controlados los sentidos.

23. Junto al conocimiento también es importante tener carácter.

24. De todos los órganos sensoriales, la lengua es la que tiene una importancia e influencia dominantes. El dominio de este órgano sensorial le dará a uno la posibilidad de dominar fácilmente a todos los demás.

25. Recurran a la senda de la indagación y desarrollen una firme convicción en cuanto a que "Yo no soy ni el

cuerpo ni los órganos sensoriales. Yo soy el *Atma* siempre dichoso". Solamente por esta senda de la indagación acompañada de la idea de que no son otra cosa que el *Atma*, podrán trascender las limitaciones humanas y experimentar en cualquier circunstancia, su Sí Mismo Divino.

26. El excesivo hablar es perjudicial para la mente.

27. La lengua se inclina hacia cuatro tipos de desviaciones:

    1) pronunciar mentiras
    2) llevar habladurías sobre otros
    3) criticar y escandalizar a otros
    4) hablar en exceso.

28. La fortaleza del hombre debiera ser la de adherir a la senda de la Verdad, la Rectitud y la Justicia.

29. El Señor *Narayana* le dijo al celestial sabio *Narada* que su "Oficina Principal" o dirección permanente, en donde siempre estaba, era el corazón del devoto que lo recordaba constantemente con amor y devoción.

30. El hombre es una combinación de cuerpo, mente y *Atma*.

31. La mente por sí sola es la causa de todas las cosas. La totalidad del Cosmos no es más que una proyección de la mente: *Manomoolam idam jagat*.

32. La mente es sólo un atado de pensamientos. Los pensamientos dan origen a las acciones y todo lo que disfrutamos o sufrimos no es sino la consecuencia de esas acciones.

33. Los pensamientos son sumamente potentes. Sobreviven a la muerte del hombre. De ahí que sea esencial mantener fuera de nuestras mentes a los malos pensamientos. Son los malos pensamientos los que separan al hombre del hombre y le hacen olvidar su común Divinidad.

34. La mente representa la raíz del árbol del *Samsara*: el ciclo de nacimientos y muertes.

35. La premura redunda en desperdicio, el desperdicio trae preocupaciones, de modo que no vivan apresurados.

36. Habiendo rectitud en el corazón habrá belleza en el carácter.

37. El significado correcto de la rendición o entrega a Dios es:

   1) dedicar todas sus actividades al Señor
   2) sin el falso sentimiento de ser el hacedor, y
   3) sin preocupación indebida por el resultado de sus acciones.

38. El punto de partida para la senda espiritual está en el *Satsang*: la compañía piadosa. La compañía de los sabios genera desapego, lo que lleva finalmente al *Jivanmukti*: la liberación durante la vida de uno.

39. Cuando nacen, llevan al cuello la pesada guirnalda invisible que les da *Brahma*: la guirnalda de los frutos de las buenas y malas acciones llevadas a cabo en sus vidas pasadas.

40. Lo que el hombre debe lograr ante todo, es la purificación y el aniquilamiento final del *Antahkarana:* el instrumento interno del hombre.

41. Muchas de las dolencias que sufren las gentes de hoy se deben al consumo de cosas obtenidas por medios deshonestos y también contaminadas por las malas vibraciones de cocineros de carácter cuestionable.

42. Si comen alimentos sin ofrecérselos primero a Dios, se verán afectados por todas las impurezas y defectos que contengan. Si le ofrecen los alimentos a Dios antes de ingerirlos, como se sugiere en el verso 24 del Capítulo IV del *Gita ("Brahmarpanam"...)* se convertirán en *Prasadam*: un don de Dios y, por consiguiente, quedarán eliminadas todas sus impurezas.

43. Domen al cuerpo, compongan los sentidos y terminen con la mente. Este es el proceso para alcanzar la inmortalidad.

44. La banda de los seis enemigos internos del hombre la componen: el deseo, la ira, la codicia, el apego, el orgullo y los celos o envidia.

45. De los seis enemigos internos del hombre, el orgullo es el peor. Hay ocho tipos de orgullo: el que produce el dinero, el saber, la casta, la riqueza, la belleza, la juventud, la posición o autoridad y el orgullo de la espiritualidad.

46. Todo lo que tienen que hacer para lograr la pureza de pensamiento, palabra y acto, es seguir estos cinco mandamientos:

No pienses nada malo	Piensa lo que es bueno
No veas nada malo	Ve lo bueno
No escuches nada malo	Escucha lo bueno
No hables nada malo	Di lo bueno
No hagas nada malo	Haz lo que es bueno

Si convierten estos cinco mandamientos en algo como su aliento vital, podrán dominar a los cuatro defectos del *Antahkarana*, logrando la pureza de la mente y sus demás componentes, con lo que experimentarán una dicha inefable.

47. Dios jamás olvida a Sus devotos. Son los devotos los que se olvidan de Dios. Dios nunca abandona a Sus devotos. Son los devotos los que abandonan a Dios.

48. El hombre que tiene fe alcanzará la sabiduría suprema: *Sraddhavaan labhathe Jñanam*. El hombre lleno de dudas perecerá: *Samsayaatma vinasyathi* (*Gita* IV-39,40).

49. La naturaleza de la mente depende de la calidad y la cantidad del alimento que se consuma.

50. El significado correcto de la palabra *Ahamkara* (ego) es la equivocada identificación de uno mismo con el cuerpo. Puede que no todos se sientan orgullosos de su riqueza o su saber, pero todos son víctimas del *Ahamkara*, en el sentido de considerar que son el cuerpo.

51. Al nacer lloraban *Koham* = ¿Quién soy? No deben morir con la misma pregunta entre los labios. Cuando mueran deben ser capaces de afirmar regocijados: *So-Ham* = Yo soy El. La palabra *So-Ham* conlleva el significado de "Yo soy *Brahman*". Si meditan constante-

mente al respecto, dejará de molestarles su sentido del ego caracterizado por la idea de "Yo soy el cuerpo".

52. Hay una sola senda para liberarse del *Ahamkara*, la cual es la de llevar una vida piadosa.

53. En todas las esferas de la vida el hombre busca incesantemente dos cosas: lograr la felicidad y eliminar el sufrimiento.

54. Las causas fundamentales de la servidumbre del hombre son el *Mamakara* = apego o el sentido posesivo del "mío", y el *Ahamkara* = egoísmo, y son el resultado de consumir alimentos inapropiados. El tipo equivocado de alimento o el alimento conseguido por medios incorrectos llevan a que el hombre se hunda de diversas maneras en la ignorancia e impiden que surjan pensamientos puros en él.

55. Los estudiantes deben darse cuenta de cuán crucial es el papel que desempeña el alimento en determinar los pensamientos, palabras y actos de uno. Regular los hábitos alimentarios es algo de importancia extrema para el sano funcionamiento de la mente y el intelecto de cada uno.

56. Todo en el Cosmos es, en verdad, *Brahman: Sarvam Khalvidam Brahman.*

57. La naturaleza es la vestidura de Dios.

58. La real felicidad se puede lograr sólo prestando servicio al público. Vayan en ayuda de los pobres y los abandonados. Extraerán tanto fuerza como paz de tal servicio. También se sentirá satisfecha su conciencia.

59. Sea cual fuere la *Sadhana* que practiquen, el objetivo principal debe ser desarrollar el amor por Dios. Si desarrollan este amor puro, no hay nada que no puedan lograr.

60. Mientras exista la mente no los abandonarán los deseos. Mientras tengan deseos no los abandonará la falsa noción del "yo" y el "mío". Mientras existe esta noción no los abandonará el *Ahamkara*. No hay otro camino que no sea el del aniquilamiento de la mente para alcanzar el *Atmajñana* = el conocimiento de uno mismo.

61. Las clases correctas de *Sadhana* son las que se orientan hacia la destrucción de la mente. Lograrán ciertamente el éxito:

1) Dedicando todas sus actividades a lo Divino.
2) Considerándolas como el trabajo de Dios.
3) Emprendiéndolas con una fe firme en Dios.

Deben mantener la firme convicción de que nada sucede debido al esfuerzo humano.

62. La voz interior divina que emana desde el *Atma* como Yo, Yo, Yo - *Aham, Aham, Aham*, es la fuente del *mantra* del *So-Ham*. El *Aham* aparece como *Ahamkara* cuando se identifica a sí mismo con el cuerpo. El *Aham* es Divino. Este *Aham* puede ser realizado sólo purificando nuestro corazón y no estudiando las Escrituras y haciéndose docto en ellas.

63. El conocimiento de uno mismo se revela después del aniquilamiento de la mente.

64. Lo que se requiere es reconocer y cultivar el espíritu de la unidad de todo lo que existe.

65. El *Bhakti* es el mejor medio para experimentar el *Atmajñana* y gozar del *Atmananda*: la dicha del Sí Mismo. El *Bhakti* y el *Jñana* no son dos cosas diferentes. En sí, el *Bhakti* es *Jñana* y el *Jñana* es, en sí, *Bhakti*.

66. El singular nexo que liga al *Bhakti* con el *Jñana* es el *Prema* o amor. Con el sagrado cordón del *Prema* pueden llegar a atar al Señor Mismo.

67. Elévense por sus propios esfuerzos: *Uddareth Atmanaa Atmaanam* (*Gita* VI-5).

68. Dediquen sus cuerpos y mentes al servicio con amor a todos los seres.

69. La verdadera espiritualidad consiste en sembrar las semillas del amor en los corazones de todas las gentes y en facilitar el florecimiento de la paz y el amor divino en todo el género humano.

70. La verdadera entrega nunca se da por enterada de la presencia o ausencia de pesar, sufrimiento o miseria, u otras cosas por el estilo.

71. *Samadhi* = *sama* + *dhi*, lo cual, en esencia, significa equilibrio mental.

72. Todo está solamente en ustedes. Toda la *Sadhana* que requieren llevar a cabo es eliminar la obstrucción, vale decir, la ignorancia que está evitando la manifestación de la Divinidad que ya está en ustedes.

73. La Divinidad está eternamente presente en ustedes. Mas lo han olvidado. ¿Por qué se olvidaron? Debido a su equivocada identificación con el cuerpo.

74. Mientras exista la mente, el hombre no puede escapar a los diversos tipos de pensamientos.

75. Si están establecidos en la Verdad, nunca serán afectados por los elogios o las críticas, la alegría o el pesar.

76. Si ustedes obedecen implícitamente las órdenes de Swami, Su Gracia se derramará automáticamente sobre ustedes. No requerirían rogar especialmente por Su Gracia.

77. Ante todo, concédanle valor a sus palabras. Recuerden que la Verdad constituye la vida de la palabra. Si están firmemente establecidos en la Verdad, no quedará lugar para problema o inquietud alguna.

78. No todos pueden entender la naturaleza de lo Divino. Intenten entender la Divinidad de Swami, quien es el inalterable apoyo o *Adhara* de todo lo que cambia o *Adheya*.

79. El hombre está desperdiciando su vida, de día y de noche, para adquirir cosas externas como casas, tierras, vehículos, riquezas y el resto de las llamadas "propiedades". ¿Es que el hombre nació para estas trivialidades? No. No. No. La tarea primordial en la vida del hombre es realizar a Dios. El hombre debe realizar a Dios, debe sentir a Dios, debe ver a Dios y debe hablarle a Dios. Esto es Realización.

80. La inmortalidad puede obtenerse sólo por la renunciación *(Tyaga)* y no por medio de las buenas acciones, la progenie o la riqueza.

81. ¿Qué es en realidad la renunciación? No significa que uno renuncie a mujer e hijos o a la casa u otras propiedades. ¿Cuál es en realidad la servidumbre que los mantiene atados? Es la engañosa ilusión de su identificación con el cuerpo. Deben desechar la idea falsa de que son el cuerpo y embeberse de la verdad de que son el *Atma*. Solamente entonces podrán alcanzar la liberación - *Moksha*. El desapegarse de la conciencia corporal *(deha-vikrathi)* los liberará del dolor de la servidumbre y el apego a Dios *(Daiva Aasakthi)* les dará la dicha del *Moksha*, la liberación y la fusión con Dios.

82. ¿Cómo liberarse del *Deha-bhraanthi* o conciencia corporal? No será por renunciar a la comida y la bebida, reduciendo el cuerpo a un esqueleto y cortejando a la muerte, sino por la vía de afirmar con fe "Yo no soy el cuerpo. El cuerpo, los sentidos, la mente y el intelecto son, todos, mis instrumentos - *Upadhis*". Deben deshacerse de su conciencia corporal de la misma manera en que se quitan la ropa sucia.

83. Ustedes son la encarnación misma de la dicha. La dicha representa su verdadera naturaleza. Es, sin embargo, una tragedia que sean incapaces de reconocerla y de experimentarla. Esta dicha se encuentra velada por los agrados y los desagrados, el sentido del "Yo" y de lo "mío". *Raga* y *Dwesha*, el apego y el odio, son las gruesas telas que cubren la dicha dentro de ustedes. Cuando se liberan del apego y del odio pueden descubrir su naturaleza real. Pese a que son en verdad las encarnaciones de la dicha, la andan buscando por otras partes.

84. Si realizan el esfuerzo que se requiere, ciertamente experimentarán la verdad de su propia Divinidad y dicha.

85. El inapreciable tesoro de la dicha es vigilado en forma constante por la terriblemente venenosa serpiente llamada *Ahamkara*. La causa básica para el *Ahamkara* es el *Deha-bhraanthi*: la equivocada identificación de uno mismo con el cuerpo.

86. Lo que los acompaña después de la muerte es el bien o el mal que hayan hecho durante su vida.

87. No se olviden de que "Aquello que siembren será lo que cosechen". Esta es la inviolable Ley del *Karma*.

88. Empleen sus talentos y recursos para el bienestar del mundo en lugar de hacerlo para lograr dinero fácil recurriendo a la traición y a la corrupción cuando persiguen el propio interés.

89. Las Sagradas Escrituras no están destinadas al *Paaraayana* o la mera recitación. Están destinadas para el *Aacharana*, la práctica.

90. Lo que necesita el mundo hoy en día son hombres de acción: *Aachara Manavaas* y no hombres de palabra elocuente: *Aakara Manavaas*.

91. No hay *Dharma* superior al *Sathya*, ni *Sathya* superior al *Dharma*. *Sathya* y *Dharma* son inseparables e interdependientes.

92. Desarrollen equilibrio mental y amor universal como para que puedan experimentar la Unidad en la diversidad.

93. Solamente la moralidad y la integridad son los eternos Templos de Dios.

94. Si un hombre practica lo que predica, no es un hombre común sino un *Mahatma*, un gran hombre. Si un hombre dice una cosa y hace otra, no es más que una bestia y no un hombre.

95. El desechar las malas cualidades es el sacrificio o la renunciación verdaderos. Renunciar a la mujer y los hijos, las riquezas y propiedades no es un gran sacrificio. Es algo que resulta más fácil que renunciar a las malas tendencias. Sólo esto último es lo que lleva al pleno florecimiento de la personalidad humana.

96. Vivir como un verdadero ser humano es la gran tarea del hombre. Vivir como un animal es una mancha para el estado humano.

97. La calidad de humano del hombre está siendo aplastada casi hasta la extinción por los seis enemigos internos: *Kama, Krodha, Lobha, Moha, Mada, Matsarya* o deseo, ira, codicia, engaño, orgullo, celos o envidia, respectivamente.

98. El hombre ha de liberarse de las dieciséis malas cualidades:

1) los seis enemigos internos,
2) los ocho tipos de orgullo,
3) los dos aspectos de *Rajas* (inquietud) y *Tamas* (inercia).

El hombre también habrá de desechar al *Kartritva* y al *Bhoktritva*, los sentimientos de ser el hacedor y el gozador.

99. Si uno se dedica a las buenas acciones y se las dedica a lo Divino con la fe de que todo es *Brahman (Sar-*

vam Brahman), uno recibirá la Gracia de Dios y la ayuda que pueda necesitar.

100. La verdadera educación debiera originar humildad.

101. Hay tres cosas que el hombre no debiera olvidar jamás: *Sathya, Dharma* y *Nyaaya*: Verdad, Rectitud y Justicia.

102. Rueguen siempre por el bienestar de todo el mundo: *Lokaa Samastah Sukhino Bhavantu*.

103. Desarrollen el amor por Dios. No pierdan la fe en El cuando estén en dificultades. Consideren cada cosa: dolor y placer, pérdida y ganancia, alegría y pesar como el *Prasadam* de Dios: el don o gracia Divinos. No se olviden de cantar el Nombre de Dios en ninguna circunstancia. El Nombre de Dios es la única barca confiable para llevarlos a atravesar el río de la vida.

104. No hay enfermedad que iguale a la codicia. No hay enemigo mayor que la ira.

105. La esencia del *Karma Yoga* radica en dedicarle todas las acciones a Dios o en llevar a cabo todas nuestras actividades como ofrendas al Señor. No es una devoción verdadera que uno ame a Dios con el objeto de cumplir deseos mundanos. Debiera ser amor por amor solamente.

106. El *Bhagavad Gita* es la Palabra de Dios y, por ende, es una Escritura universal.

107. Cada estudiante debiera emprender *Satkarmas* o buenas acciones conducentes al *Chitta Suddhi* o la pu-

reza mental. En donde haya pureza de mente se dará el *Jñana Siddhi* o alborear de la sabiduría. Todo ello está únicamente dentro de cada cual. No se necesita salir a buscarlos fuera de uno.

108. Todo lo que coman debe serle ofrecido a Dios como *Naivedyam* u ofrenda sagrada.

Apéndice Tres

SADHANAS PRESCRIPTAS POR BHAGAVAN SRI SATHYA SAI BABA EN LOS CURSOS DE VERANO DE 1990 EN BRINDAVAN

Swami ha dicho: "Si las órdenes de Swami son implícitamente obedecidas por ustedes, Su Gracia se derramará automáticamente. No necesitarán rogar especialmente por Su Gracia".

1. Digan la Verdad.
   Practiquen la Rectitud.

2. Desarrollen el *Trikarana suddhi*: la pureza y armonía de pensamiento, palabra y acto.
   Atribuyan valor a sus propias palabras. La Verdad es la vida de una palabra.

3. No piensen mal   Piensen lo que es bueno
   No vean el mal   Vean lo que es bueno
   No escuchen el mal   Escuchen lo bueno
   No hablen mal   Hablen lo bueno
   No hagan el mal   Hagan lo que es bueno

4. Sigan escrupulosamente la máxima:
   Nunca hieras   Ayuda siempre

5. Desechen las dieciséis cualidades malas en el hombre:
   1) Los seis enemigos internos: deseo, ira, codicia, apego, orgullo, envidia o celos.
   2) Los ocho tipos de orgullo: del dinero, del saber, de la casta, de la riqueza, de la belleza, de la juventud, de la posición o autoridad y del *Tapas* u orgullo espiritual.
   3) De los dos aspectos de *Rajas* o desasosiego y *Tamas* o inercia.

6. Deshágganse de *Raga* y *Dwesha*: el apego y el odio.

7. Vayan en ayuda de los pobres y los desamparados.

8. Entréguense a Dios:
   1) dedicándole todas sus actividades al Señor;
   2) considerándolas como el trabajo del Señor;
   3) emprendiéndolas con una fe inalterable en Dios;
   4) sin el falso sentir del hacedor;
   5) y sin una preocupación indebida por los resultados.

   Mantengan la firme convicción de que nada sucede debido al esfuerzo humano.

9. No se olviden en ninguna circunstancia de cantar el Nombre de Dios.

10. Recen siempre por el bienestar de todo el mundo: *Lokaa Samastah Sukhino Bhavantu.*

INDICE

Introducción 7

Capítulo 1 - La gloria de la cultura india 9

Capítulo 2 - Santifiquen el cuerpo 19

Capítulo 3 - El templo móvil 29

Capítulo 4 - El dominio de los sentidos 43

Capítulo 5 - El camino hacia la Divinidad 53

Capítulo 6 - Sostengan las riendas 65

Capítulo 7 - Los caprichos de la mente 79

Capítulo 8 - *Buddhi* el Auriga 95

Capítulo 9 - El egoísmo y el apego 107

Capítulo 10 - Los tres *Gunas* 115

Capítulo 11 - Conócete a ti mismo 129

Capítulo 12 - El conocimiento de sí mismo 141

Capítulo 13 - ¿Qué es la libertad? 151

Capítulo 14 - Práctica y precepto 163

Capítulo 15 - El ascenso del hombre 173

Capítulo 16 - Sabiduría védica 183

Apéndice Uno
Divino discurso del Día de Gurú Poornima
7 de julio de 1990 193

Apéndice Dos
Selecciones de los Discursos de Verano de 1990
en Brindavan 203

Apéndice Tres
Sadhanas prescriptas por Bhagavan Sri Sathya
Sai Baba en los Cursos de Verano de 1990 en
Brindavan 219

Esta edición de 3000 ejemplares
se terminó de imprimir en los talleres de Errepar
en Buenos Aires, República Argentina,
en el mes de diciembre de 1997.